譚延闓　撰
劉建强　曾迎三　整理點校

譚延闓家書

商務印書館

整理弁言

譚延闓，字祖庵，號無畏，湖南省茶陵縣高隴鄉石床村人，一八八〇年一月二十五日（清光緒五年十二月十四日）出生於浙江杭州。譚延闓是中國近現代史上的風雲人物，一生名位鼎隆，從清末會元到湖南諮議局議長，從湖南都督到國民政府主席、行政院長，在清末民初紛繁複雜的時局中，馳騁政壇二十年之久。他雖爲清廷翰林，但與時偕行，支持立憲；辛亥鼎革，又贊成革命，關鍵時刻，放棄自治，追隨孫中山，後與汪精衛合作，又同蔣介石結盟。既有「攸往咸宜」之稱，又有「通而有節」之譽。文治武功，詩詞書法，少有人及；居官風範，美食甘飴，尤具特色。

對譚延闓，世人褒貶不一。孫中山稱他爲「一時人望」；蔣介石稱頌他「文武兼資」，爲「党國英奇」；胡漢民贊賞他「休休有容」「和氣中正」，譬以「藥中甘草」；于右任稱他爲「民國一完人」。青年毛澤東曾稱之爲「鄉邦英俊」，幾十年後，毛澤東仍評價他是「一個聰明的官僚」。這與其幕僚謝奄對他的評價非常吻合：「譚祖庵出身科第，而無科第驕人之習；身爲貴公子，而無裘馬輕肥之狂；是名士而無白眼看人之習；是六朝人而無嵇元之疏放；

有謝安救世之懷，而不狎東山之妓；有曾左匡濟之心，而不學其硬幹。然則祖庵果爲何等人乎？則答之曰：祖庵爲一個詩書涵養之雅人，爲一個審時度勢之政治家。總而言之，可以稱之爲一個絶頂聰明人。」

《譚延闓家書》有寫給長女譚淑的，但也有很多寫給女婿袁思彦的。袁思彦，一八九五年生，字仲頤，湖南湘潭人，清末兩廣總督袁樹勳第六子，浙江省法政學堂畢業。一九二八年起任國民政府財政部顧問，國民革命軍第二軍高等顧問，湖南平江榷運局局長，湖北蔡甸統税局局長、財政部諮議。一九三二年五月四日任國民政府財政部膠海關監督。一九四七年六月十六日署行政院院部秘書。中華人民共和國成立後寓上海。譚延闓五十歲生日時，一個叫張冥飛的湖南同鄉爲他作了一篇壽序，在報上發表，揶揄備至，侮慢兼施。文曰：「茶陵譚氏，五十其年；喝紹興酒，打太極拳；好酒貪杯，大腹便便；投機取巧，廢話連篇。……堂亦鈐山，寫幾筆嚴嵩之字；老宜長樂，做一生馮道之官；用人惟其才，老五之妻舅吕；内舉不避親，夫人之女婿袁……立德立功，兩無聞焉。」吕，指吕苾籌；袁，即指袁思彦。張冥飛把譚比作歷四朝五姓、遭人非議的馮道和明代奸相嚴嵩，此文一時傳遍大街小巷。許多同鄉及其僚屬都主張將張氏送交法院，治其侮辱長官及誹謗之罪。但譚延闓不以爲然，還發帖邀張冥飛赴晚宴，由魯蕩平、吕苾籌等人作陪。張冥飛一進門，譚延闓馬上與他握手。席間，譚延闓請張上坐，並説：「閣下你是我的好朋友，當今之人，没有不恭維我的，而閣下能罵我，實在難得，但是有過於揶揄之處。」見張面紅耳赤，一味低頭喝酒，譚延闓接着説：「延闓如有不是之處，希望以書面告之，湖南有閣下這樣的人才，延闓不知，深爲抱歉。行政院並無好的名義位置閣下，只有四百元俸薪一月的參議，暫爲屈就一時，並非因閣下罵了我，我即委你做官，實在是閣下的文筆雄俊，借重長才。」張冥飛飯後逢人便説：「譚畏公真偉大。」由此，譚延闓處世豁達可見一斑。

譚延闓自幼聰穎好學，五歲入私塾，十一歲學制義，十三歲中秀才，二十二歲中舉人，二十四歲中進士。一九〇四年，參加甲辰科會試，以第一名中貢士，填補了湖南有清一代二百餘年無會元的空白；應殿試，列二甲第三十五名，賜進士出身。其父譚鍾麟爲咸豐六年（一八五六）丙辰科二甲第十名進士，譚延闓父子倆同爲翰林。一門兩進士，成爲當時科舉場上的佳話。

譚延闓幼承家學，少年臨池，頗有筆力，翁同龢極爲欣賞，曾對譚父説：「三令郎偉器也，筆力殆可扛鼎。」後果如所言，其書法冠絶一時。民初，在國民黨内身居要職，同時在書法藝術上也極有造詣之人不少，而尤以譚延闓（楷書）、胡漢民（隸書）、吴稚暉（篆書）、于右任（草書）最爲突出，此四人的書法成就足以與當時最優秀的書法家相媲美，並稱爲「民國四大書法家」，而譚延闓享有「民國四大書法家」之首的美譽。他一生專攻顔書，顔體楷書名滿天下，而且字如其人，有大權在握的氣象，結體寬博，顧盼自雄。黄埔軍校大門上的校名「陸軍軍官學校」，南京孫中山陵園那座高大石碑上刻的「中國國民黨葬總理孫先生於此　中華民國十八年六月一日」二十四個大字，都出自譚延闓的手筆。一九二八年，魯滌平出任湖南省主席，籌設湖南省銀行，請老上司譚延闓書題行名等内容，並於一九三〇年將譚延闓書迹起用在湖南省銀行發行的票券上。此外，毛澤東青年時期所開「文化書社」的招牌，也是找譚延闓書寫的。有資料記載：譚延闓「任湘督時，在夏季，由於體胖怕熱，常常赤膊揮扇，以驅暑氣，一領舊的綢質長衫，經常搭在椅背，客人來了，便隨手拿起朝身上一套，就一面揮扇，一面侃侃而談，客去仍又卸下。像這樣穿穿脱脱，半晌工夫，不下十餘次，不厭其煩。而求字的人日漸增多，令他應接不暇。他寫字的方式不一定要明窗净几，往往或坐或立，隨處拈筆即書。有時躺在籐椅上，令人牽紙懸空，也能一揮而就。後來求的人越發多了，幕僚們也仿其筆勢，私底下代爲送人」。

本書内收譚延闓手書墨迹一百零二頁，共五十七通，其中有長達近十頁一通者。上款「仲頤」爲多，箋紙有「朵雲軒監製」，也有「湘軍總司令部用箋」「上海九華堂」「大本營秘書處用箋」「國民革命軍第二軍司令部用箋」等。書體自然灑脱，叙述家務、政事、接酬均有。特别難得的是，不少家信還反映了譚延闓的爲政處世，足資世人借鑒。如一九二四年十一月二日給長女譚淑的信，最爲典型。此書誠可謂研究譚延闓生平的珍貴文獻資料。

爲保留書信原貌，整理文稿中錯訛字等一仍其舊，不加擅改。

劉建强　二〇一七年八月二十八日

目次

譚延闓與譚澤闓、譚恩闓等合影

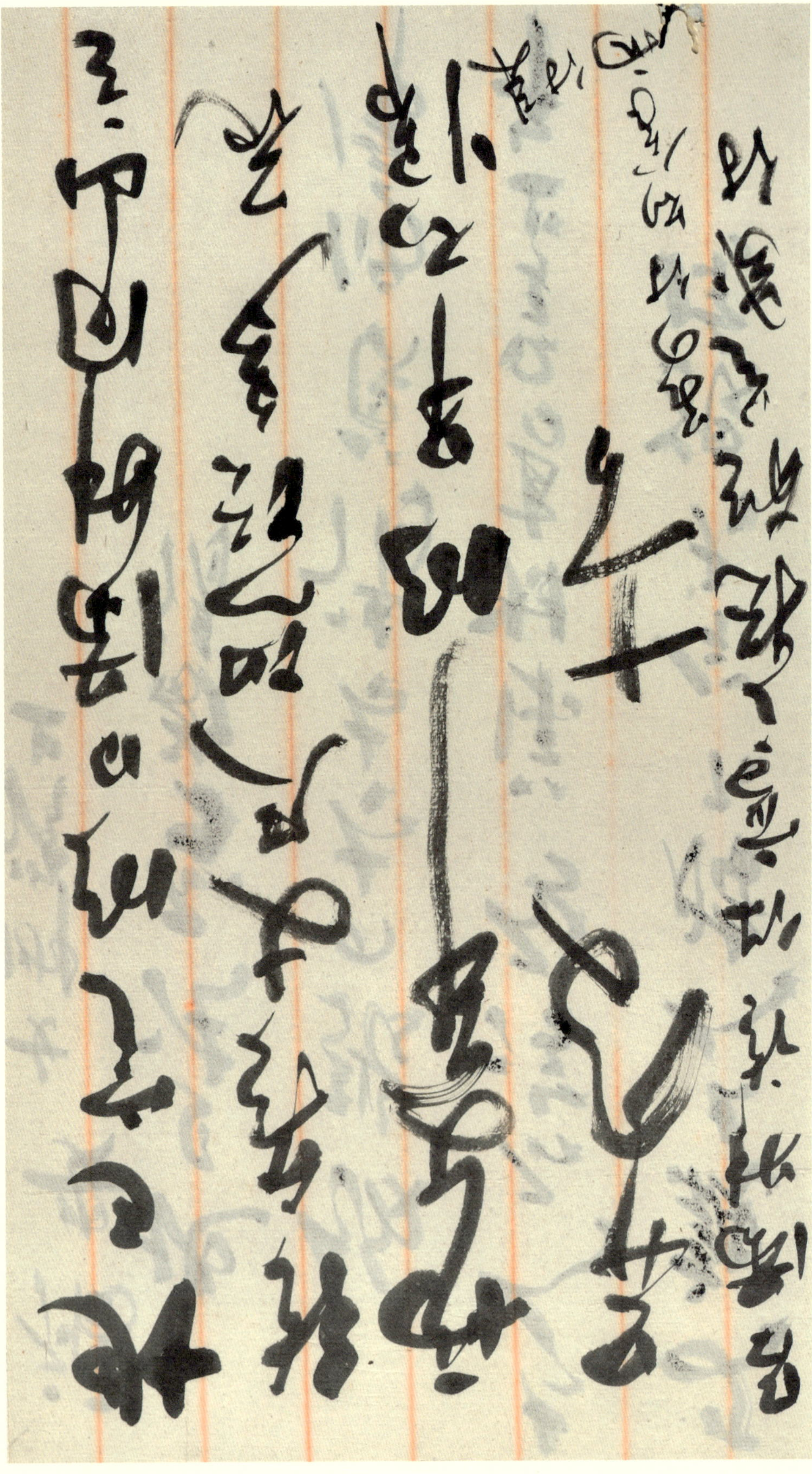

第一通 致譚淑書

地已定，明日滿叔[一]、同山、立德看丈尺，恐須多花兩文耳。明早不歸，並及。（呂滿叔請你寫之挽聯是幾付？若四付則拿兩付來。）

十一日

[一] 滿叔，呂滿，即呂苾籌（？—一九三九），字蘧蓀、蘧生，湖南益陽人。曾任湖南督軍署秘書長、行政院秘書長、浙江省民政廳廳長等職。拜入曾熙之門，學習書法。

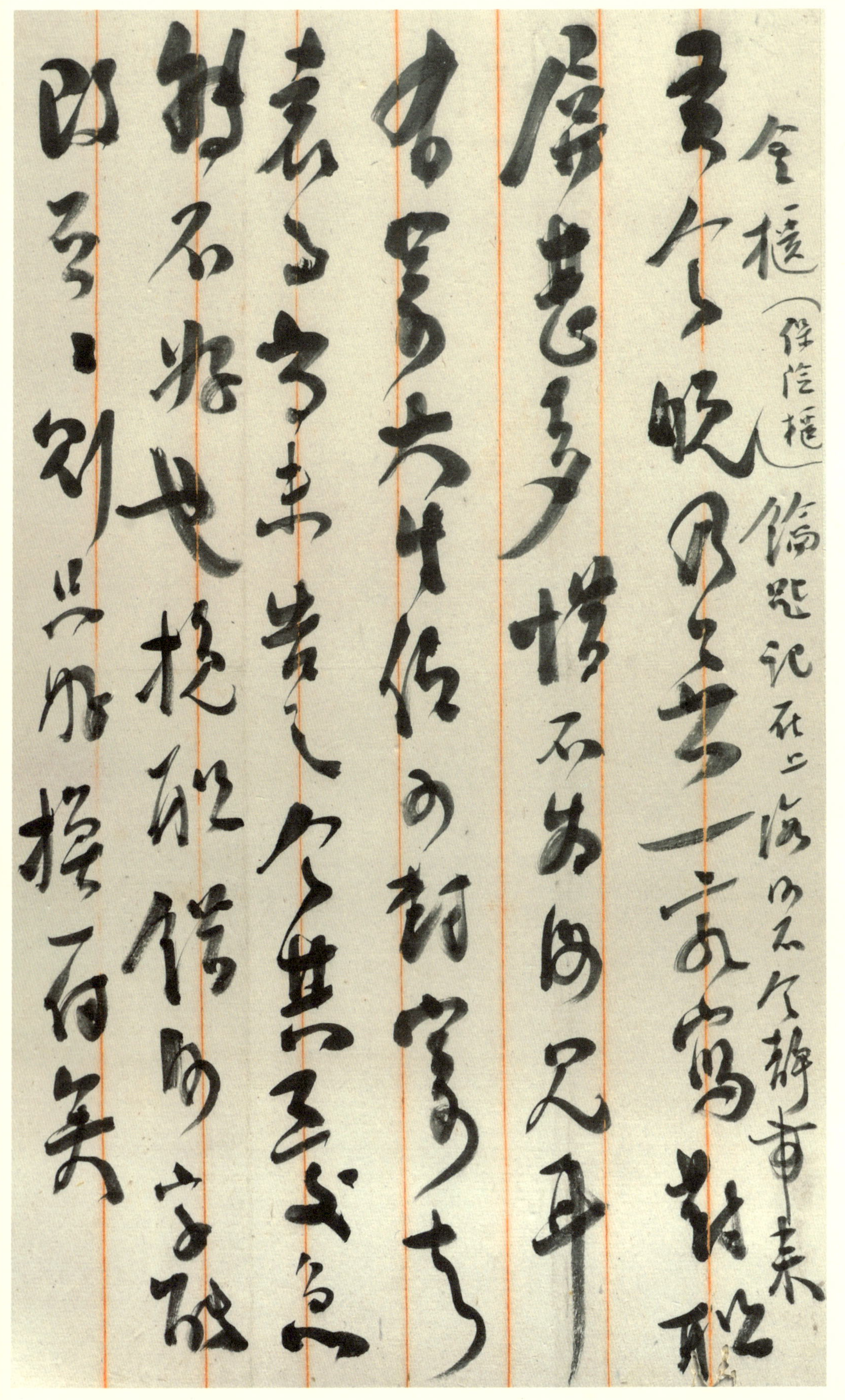

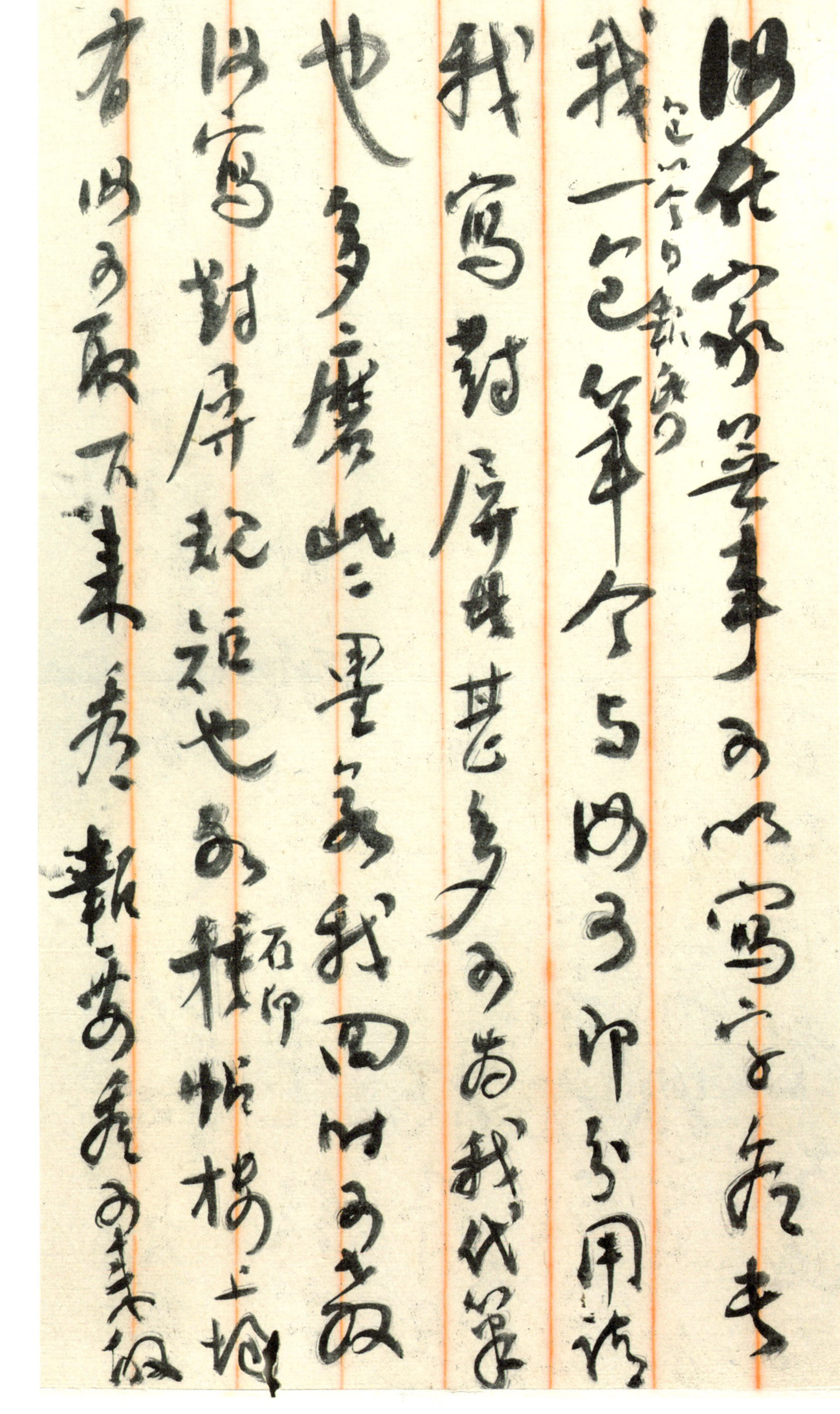

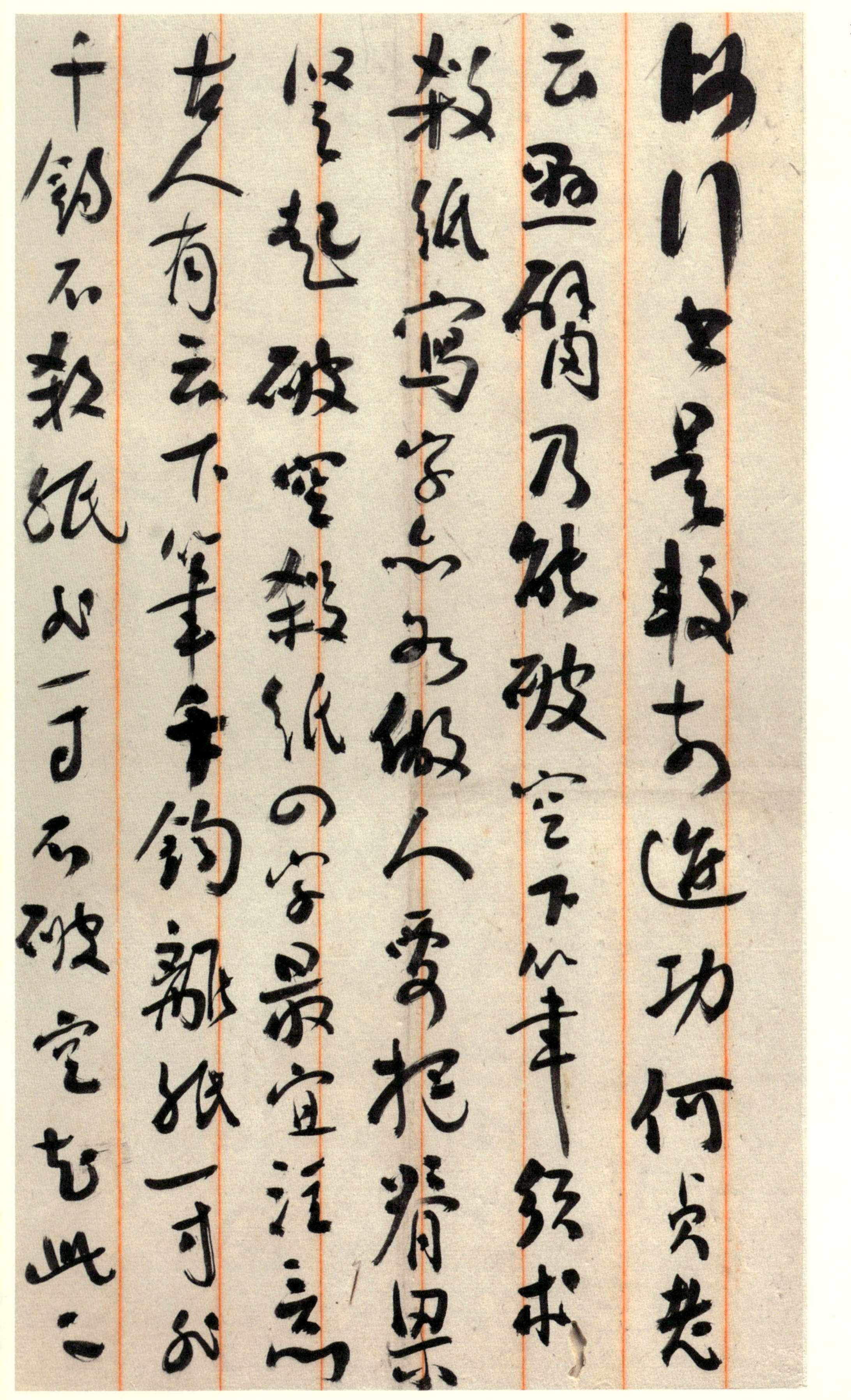

此门是我专进功何处恐
云画破肉乃能破空下笔须求
数纸写字亦须做人要挺脊梁
竖起破空数纸的字最宜注意
古人有云下笔千钧新纸一寸入
千钧不数纸入一寸不破空在此二

者其自適矣。又古人作書皆右（如麻姑壇之役也）
邊讓左邊，不似後人以左讓右，蓋
後人作字時胸中先有一點右邊在
據之念頭，故寫左時先讓右，人則不
以此為意，與之意即真假所判
也。故古人作字皆右小於左，試取（謂）

第二通　致譚淑書

［金櫃（保險櫃）鑰匙記在上海，何不令静[一]帶來？］

吾今晚乃無一客，寫對聯、屏甚多，惜不爲汝見耳。有寄大生信，可封寄去。袁事尚未告之，令其憂急，轉不好也。挽聯錯何字，能改否？否則只好换一付矣。汝在家無事，可以寫字看書。我一包筆（包以今日報紙），今與汝，可即分用。請我寫對、屏者甚多，可爲我代筆也，多磨些墨，若我回時，可教汝寫對、屏規矩也。各種帖（石印）樓上均有，汝可取下來看。報要看，可來取。汝行書是較前進功。何貞老[二]云：「懸臂乃能破空，下筆須求殺紙。」寫字亦如做人，要把脊梁竪起，「破空殺紙」四字最宜注意。古人有云：「下筆千鈞，離紙一寸。」非千鈞不殺紙，非一寸不破空，知此二者，書自進矣。又，古人作書（細看《麻姑壇》便知），皆右邊讓左邊，不似後人以左讓右。蓋後人作字時，胸中先有一恐右邊太擠之念頭，故寫左時先讓。古人則不然，此有意與無意之分，即真假所判也。故古人作字皆右小於左，試看「謂」「壇」等字便知。若後人則左甚小，右甚大矣，此古今結字不同，宜留心者。七舅母信我未看完，不知所求何事？汝可告我。接弟妹，我意似不急急，恐靈柩不得趁大輪也，然亦不力阻也。

廿二日

［一］静，即譚静（一九〇三—一九二一），譚延闓次女。

［二］何貞老，即何紹基（一七九九—一八七三），字子貞，號東洲，晚號蝯叟，湖南道州人，道光十六年（一八三六）進士，官至四川學政，晚清著名金石書畫家。

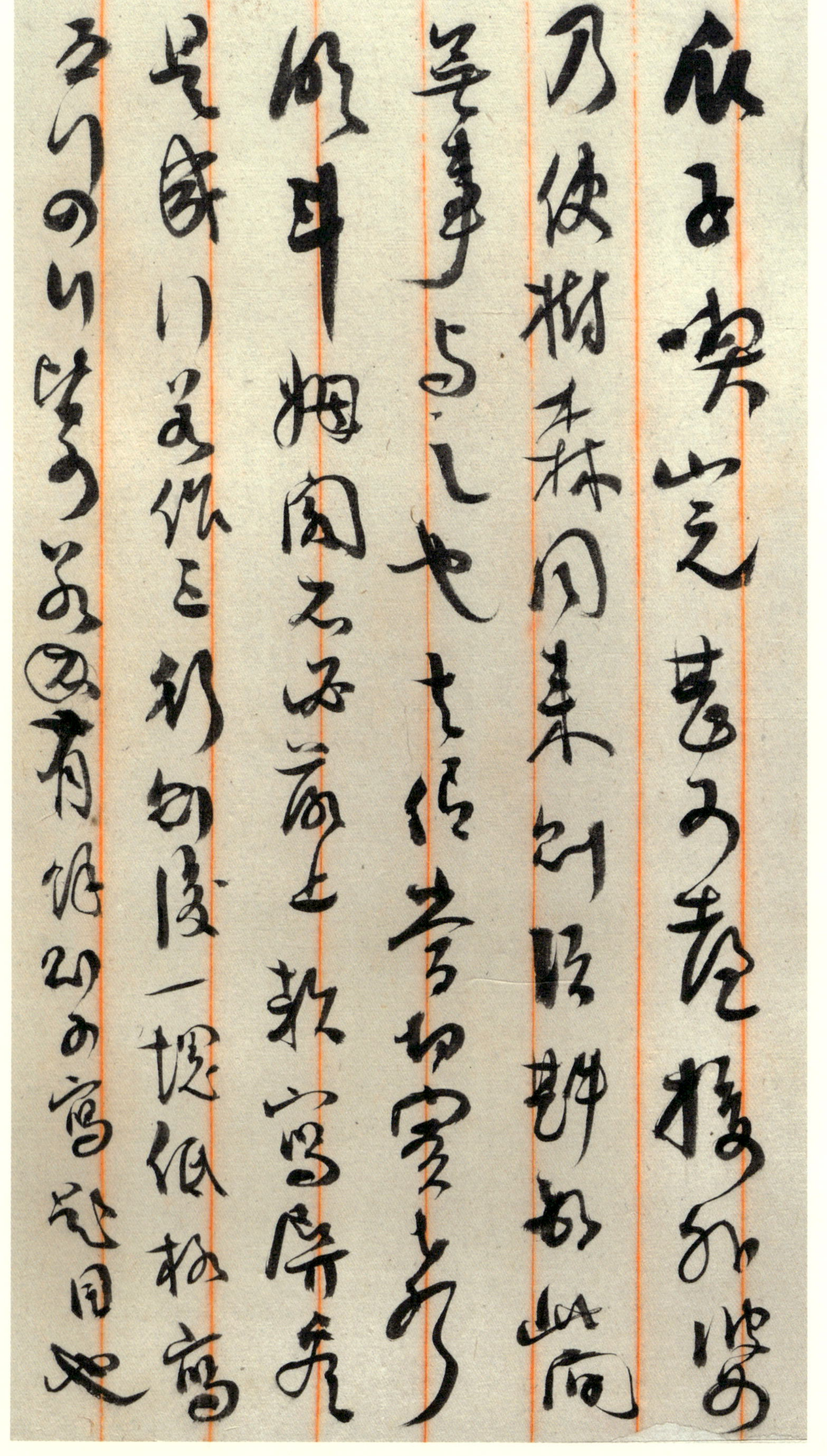

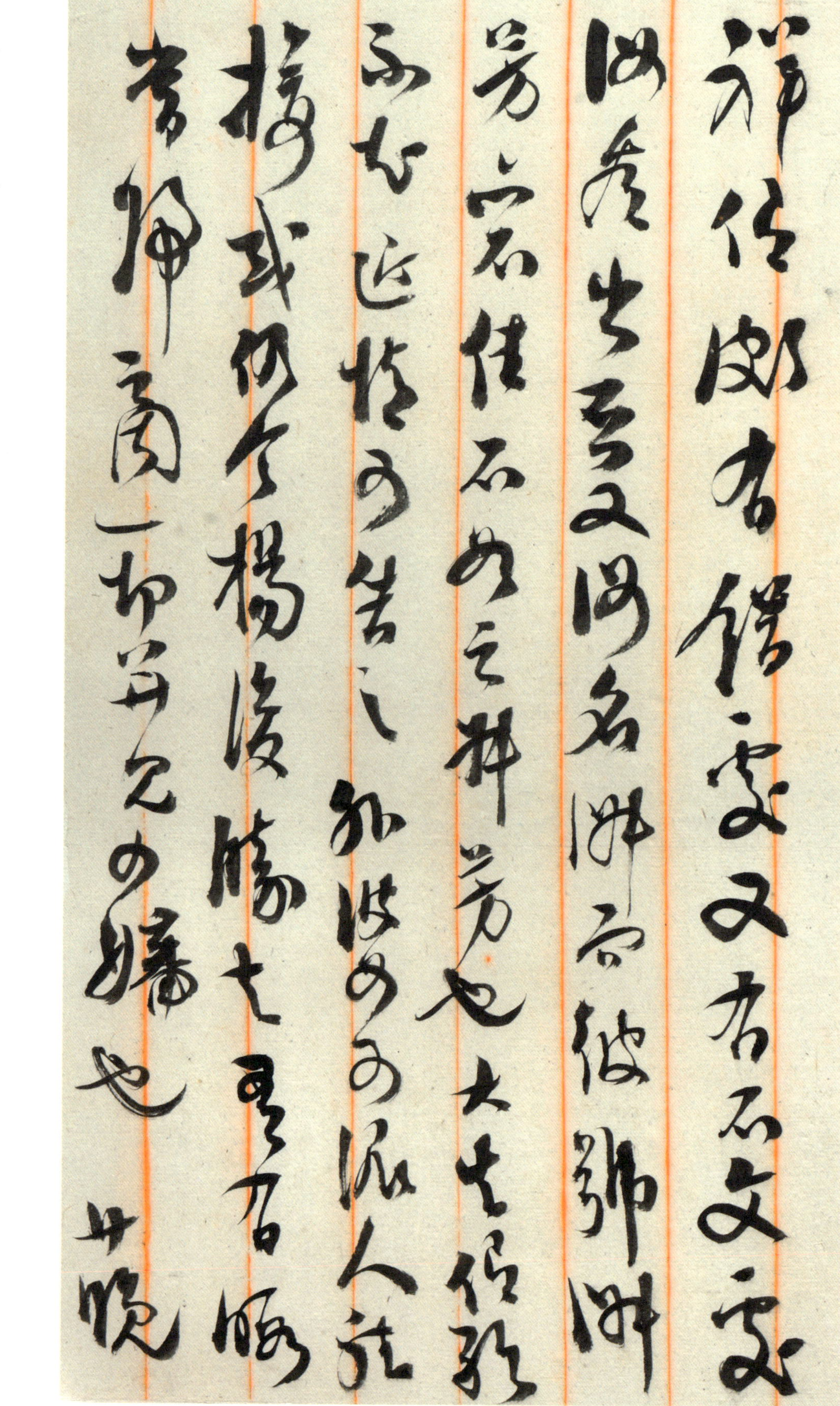

第三通　致譚淑書

瓜子喫完，甚可喜。接外婆[一]乃使樹森同來，則須斟酌。此間無事與之也，去信當切實聲明。斗姆閣不必落上款，寫屏看是幾行，若作三行，則後一塊低格寫。五行四行皆可，若有餘，則可寫題目也。祥[二]信頗有錯處，又有不文處，汝看出否？又，汝名淑[三]，而彼號淑芳，亦不佳，不如云叔芳也。大生信絶不知近情，可告之。外婆可派人往接，或仍令楊俊勝去。吾有暇當歸商一切，並見四嬸也。

廿晚

[一] 外婆，即盧氏，生卒年不詳，江西布政使方汝翼妻，譚延闓岳母。

[二] 祥，即譚祥（一九〇五—一九八九），字曼意，譚延闓三女，陳誠妻。上海聖瑪莉亞女子學校畢業。宋美齡的乾女兒。

[三] 淑，即譚淑（一八九九—一九八一），字曼珈、愼先，號玉潤樓主人，齋名玉潤樓。譚延闓長女，袁思彥妻。幼承家訓，繼承家法，工書畫，尤精顔體。曾任教於臺灣師範大學中文系。

入歸發寓
乎夢鶴東

中國衣不須外國衣為佳

吾黨經費自當撙節此正

吾先生之所期望也請如寫封書

姓可某以蔡之先生正 上款 譚澤 下款

了之或仍請先譚澤闓字

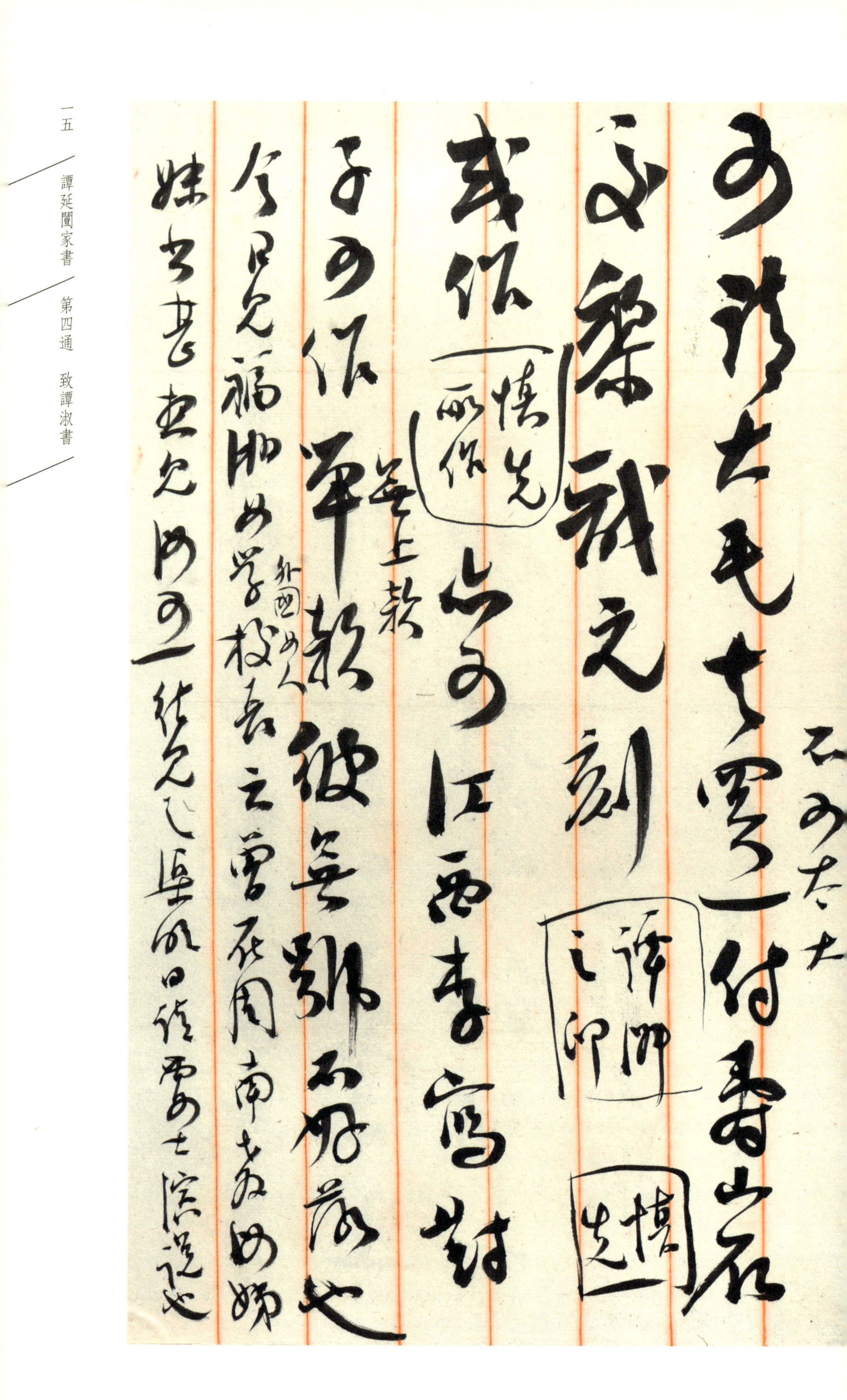

字稍迟再寫又难矣

竟日日如此此不足虑且

两来不揣拙寫级以来

之兄弟——西邨不取

楼本雅集之右词

第四通　致譚淑書

中國衣不須，外國衣必係失去，從前自青島搬物，正失去一箱衣也。請汝寫對子者，可悉以「某某先生正（上款）、譚淑（下款）」了之，或作「慎先譚淑」亦可。圖章可請大毛去買一付壽山石（不可太大），交黎戩元[一]刻「譚淑之印」「慎先」，或作「慎先所作」亦可。江西李寫對子可作單款（無上款），彼無號，不好落也。今日見福湘女學校長（外國女人），云曾在周南教汝姊妹書，甚想見汝，可一往見之，渠明日請兩女士演説也。字稍進，再寫更好矣。吾日日如此，此不足慮，且向來不按頓喫飯，汝未之見耳。五叔[二]不欲接弟妹來，亦有理。

[一] 黎戩元（一八九八—一九七八），名澤泰，字爾穀，號戩園、戩齋，湖南湘潭人。幼承庭訓，於書法篆刻深受薰陶。弱冠始爲人治印，曾熙、譚延闓、齊白石等曾在長沙《大公報》上聯名介紹，盛稱其印藝。曾任湖南省參事室參事。

[二] 五叔，即譚澤闓（一八八九—一九四八），字祖同，號瓶齋，室名天隨閣，湖南茶陵人。譚延闓五弟。王闓運門人。一九二九年被故宮聘爲專門委員。近代著名書法家。

葬母三十七具来外婆已来此三
日矣为母觅得墓地在祖母茔
西南一里许高原多竹木山势雅扬欲植
点正在买大云中已遣人往延植其
静拜秋韵偕归日者云今年山向
闹拟明年春后再遣觅地四洗此间
当来太平不能耽阁求学又服务不得不归
以解此苦而遨歌美也余不一一　十一月十日
弟[illegible]

第五通　致譚淑書

得汝三十書，具悉。外婆已來此三日矣。吾爲汝母[一]覓得塋地，在祖母[二]墓西南一里許，高原多竹木，無雜塚，頗愜意，正在買賣中。已遣人往迎柩，並令静、祥、秋[三]、韻[四]偕歸。日者云，今年山向一開，擬塋葬後再遣兒女回滬。此間尚未太平，不欲耽閣求學，吾脱身不得，若得離此，必西游歐美也。餘不一一。

十一月十一日弟十六書

[一] 母，即方榕（一八八一—一九一八），字容卿，河北省清苑縣人。江西布政使方汝翼女儿，譚延闓妻。方夫人生有子二：翊、弼。女四：淑、静、祥、韻。

[二] 祖母，即李氏（一八五六—一九一六），河北省宛平縣人。早年父母雙亡，與弟雲章相依爲命。譚鍾麟側室。譚延闓、譚恩闓、譚澤闓生母。曾熙撰書有《譚母李太夫人墓碑》。

[三] 秋，即譚伯羽（一九〇〇—一九八二），原名翊，號習齋，齋名習是齋。譚延闓長子。畢業於上海同濟大學，赴德國留學。曾先後任職於瑞典、德國使館，又任經濟部、交通部政務次長等職。後奉派爲國際貨幣基金會執行董事，定居美國華盛頓。

[四] 韻，即譚韻（一九一三—？），譚延闓小女。畢業於英國劍橋大學，獲得英語文學碩士學位。其夫陳冠澄，廣東人，曾先後任臺灣招商局駐香港、東京分局經理。一九六八年舉家遷居美國。

洪祥韵览者以取笔
作均恚韵之字比前运动
秋又久不作行楷病后发
笑宜惜意之至所寄白
物乃流连齐流连二字

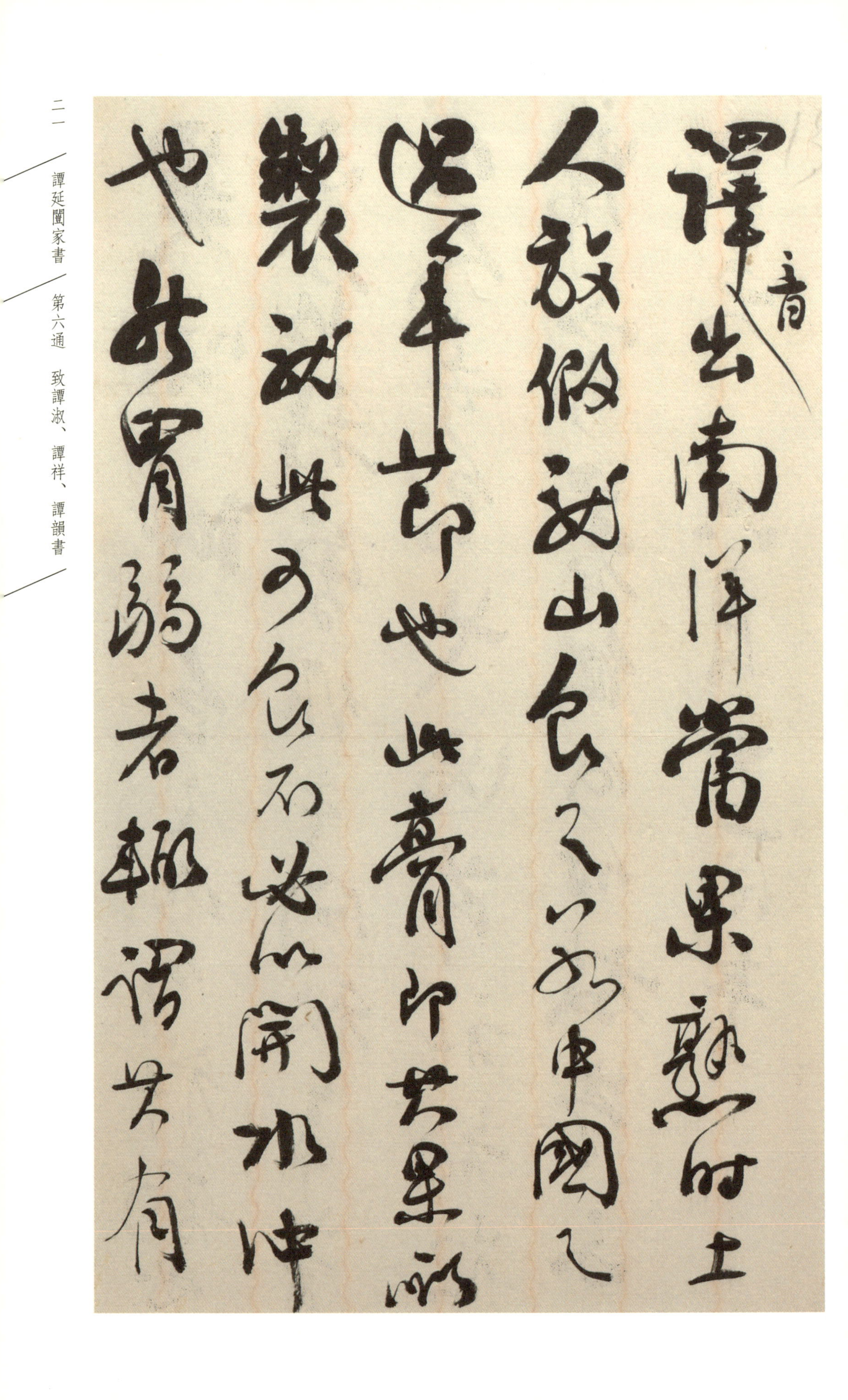

異味聞之如何祥麟也
亦念我嘗作書向秋年時
何人去念也過節祥麟去
歸家若作何時放當亦
久矣　六月十二日書

第六通　致譚淑、譚祥、譚韻書

淑、祥、韻覽者：

得汝輩信，均悉。韻韻字比前進功，秋又久不作信，孏病復發矣，宜督責之。吾所寄食物乃流連膏，「流連」二字譯音出南洋，當果熟時，土人放假，就山食之，若中國之過年節也。此膏即其果所製，就此可食，不必以開水冲也，然胃弱者輒謂其有異味，淑食之如何？祥、韻必不食，我曾作書問秋、年[一]等，何人喜食也。過節祥、韻想歸家，暑假何時放？當不久矣。

六月十二日書

[一] 年，即譚弼（一九一〇—一九八一），字季甫，譚延闓次子。雪飛耳大學冶金專業畢業。曾先後任臺灣造船及金屬礦業公司董事長。夫人曾昭楣。

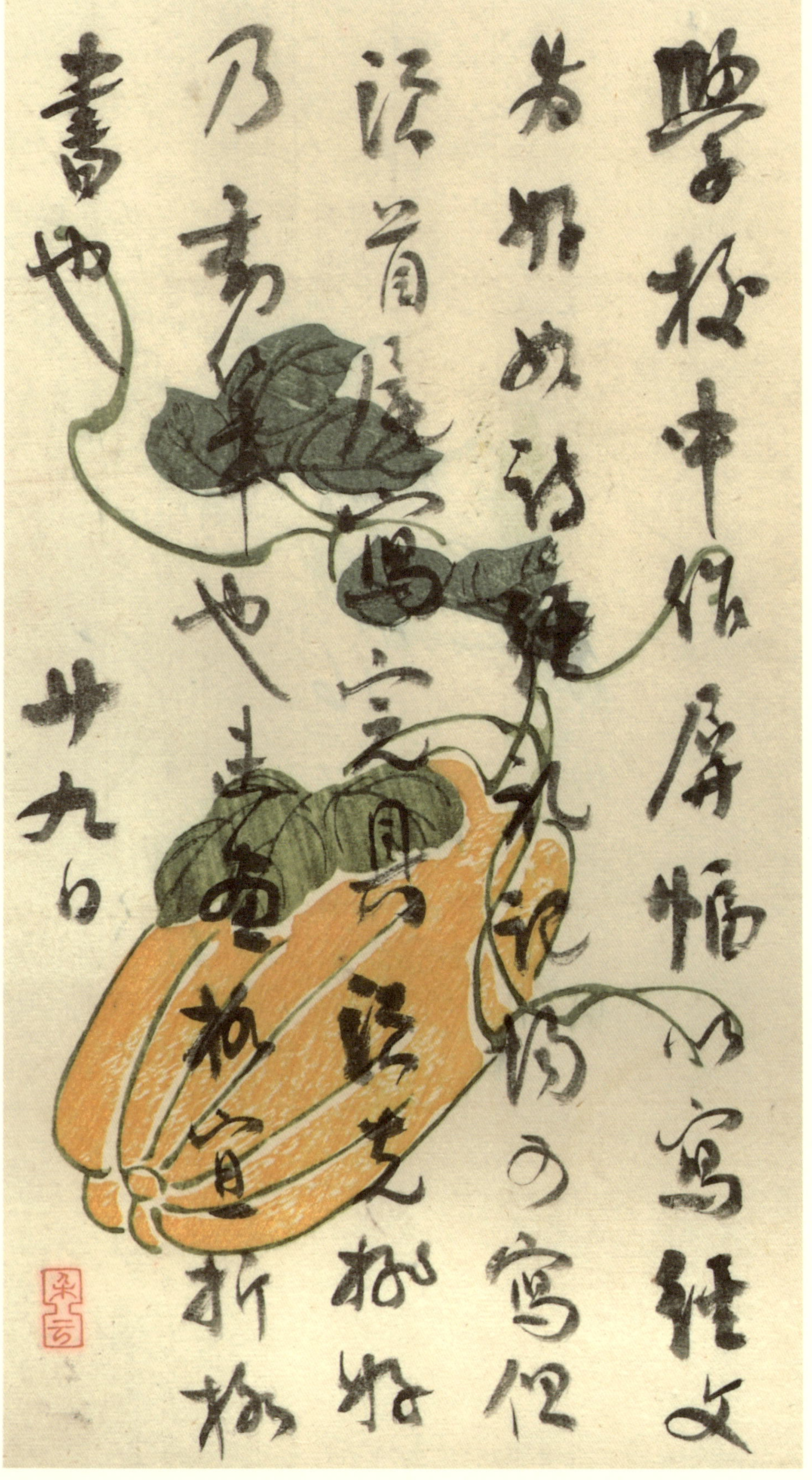

第七通　致譚淑書

學校中作屏幅，以寫經文爲好，如《詩經》《禮記》均可寫，但須首尾寫完，具須先排好乃動筆也，未畫格宜折格書也。

廿九日

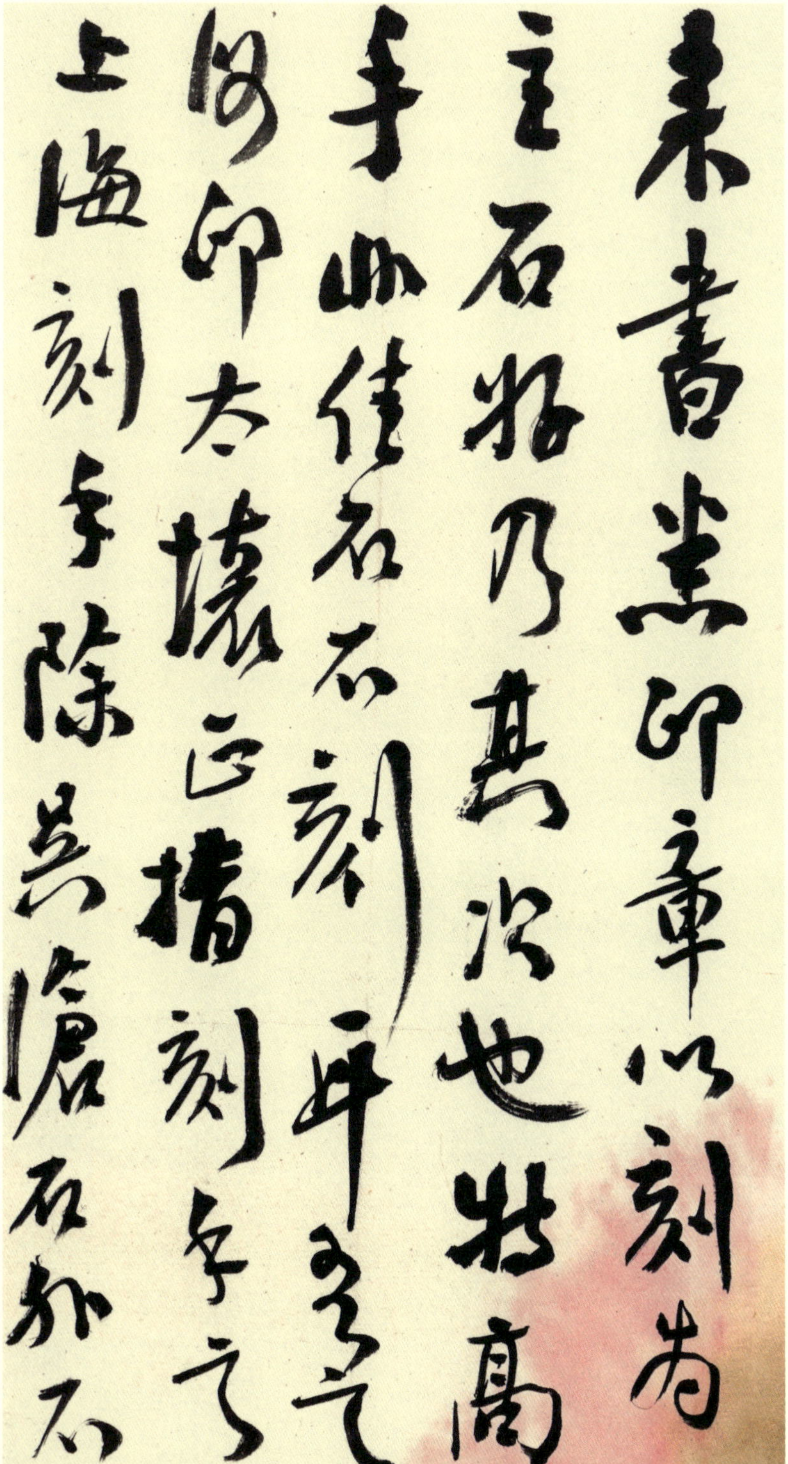

来书崇印章以刻为
主石料乃其次也然高
手必佳石不刻吾兄
所印太坏正揩刻手之
上海刻手陈益居石亦不

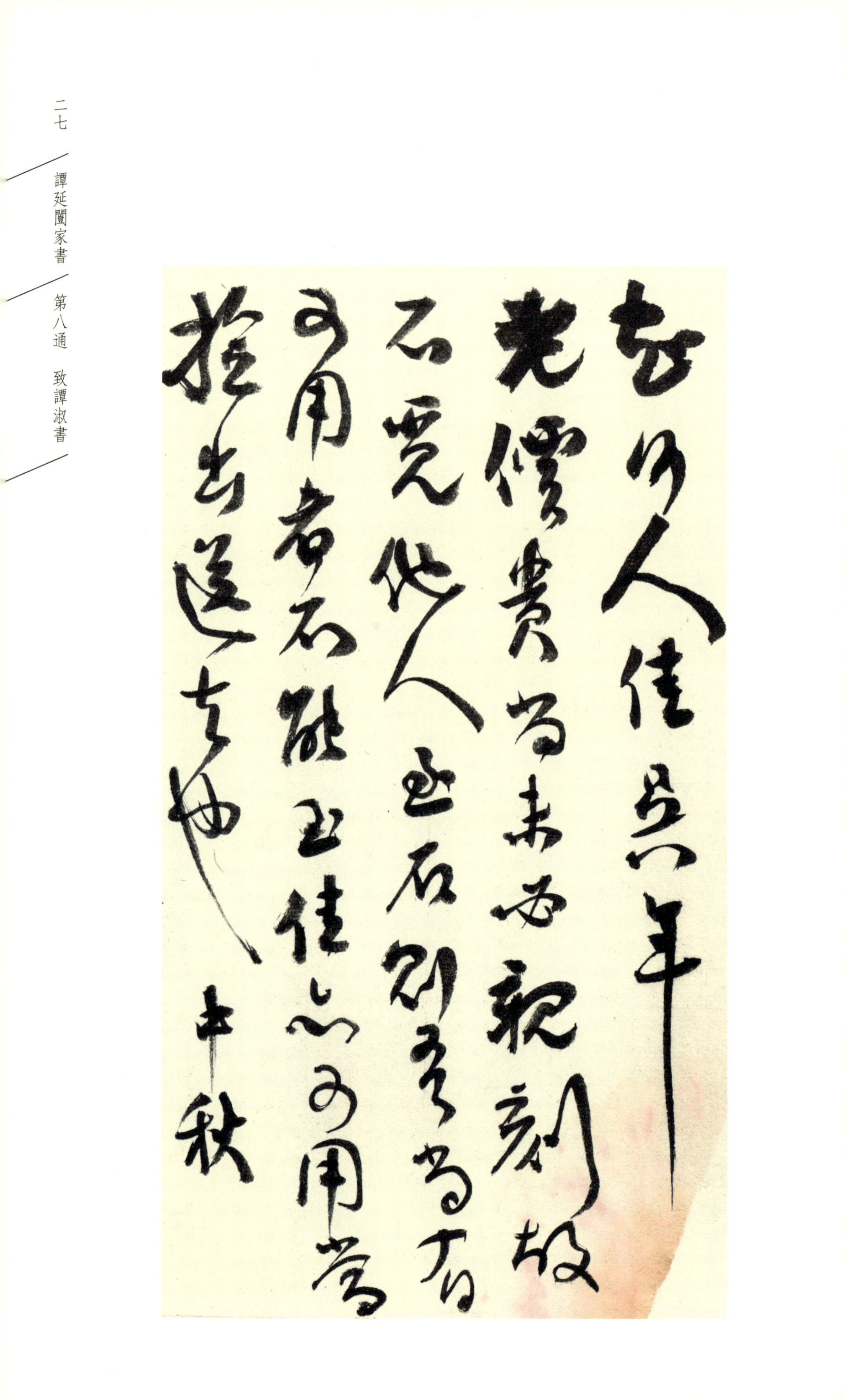

第八通　致譚淑書

來書悉。印章以刻爲主，石好乃其次也，特高手非佳石不刻耳。吾言汝印太壞，正指刻手言，上海刻手除吴滄（倉）石[一]外，不知何人佳。吴年老價貴，尚未必親刻，故不覓他人。至石則吾尚有可用者，不能至佳亦可用，當撿出送去也。

中秋

[一] 吴倉石（一八四四—一九二七），初名俊，又名俊卿，字昌碩。又署倉石、蒼石、苦鐵、大聾、缶翁等。浙江安吉人。清末民初著名書畫家、篆刻家。

「譚延闓印」 陳衡恪刻

尺寸　3.8 厘米×3.8 厘米×9.1 厘米

邊款　惟十五年一月八日　陳師曾作于京都

材質　壽山石

「祖安」 陳衡恪刻

尺寸　3.85 厘米×3.85 厘米×9.05 厘米

邊款　祖安父具之一　師曾刻石

材質　壽山石

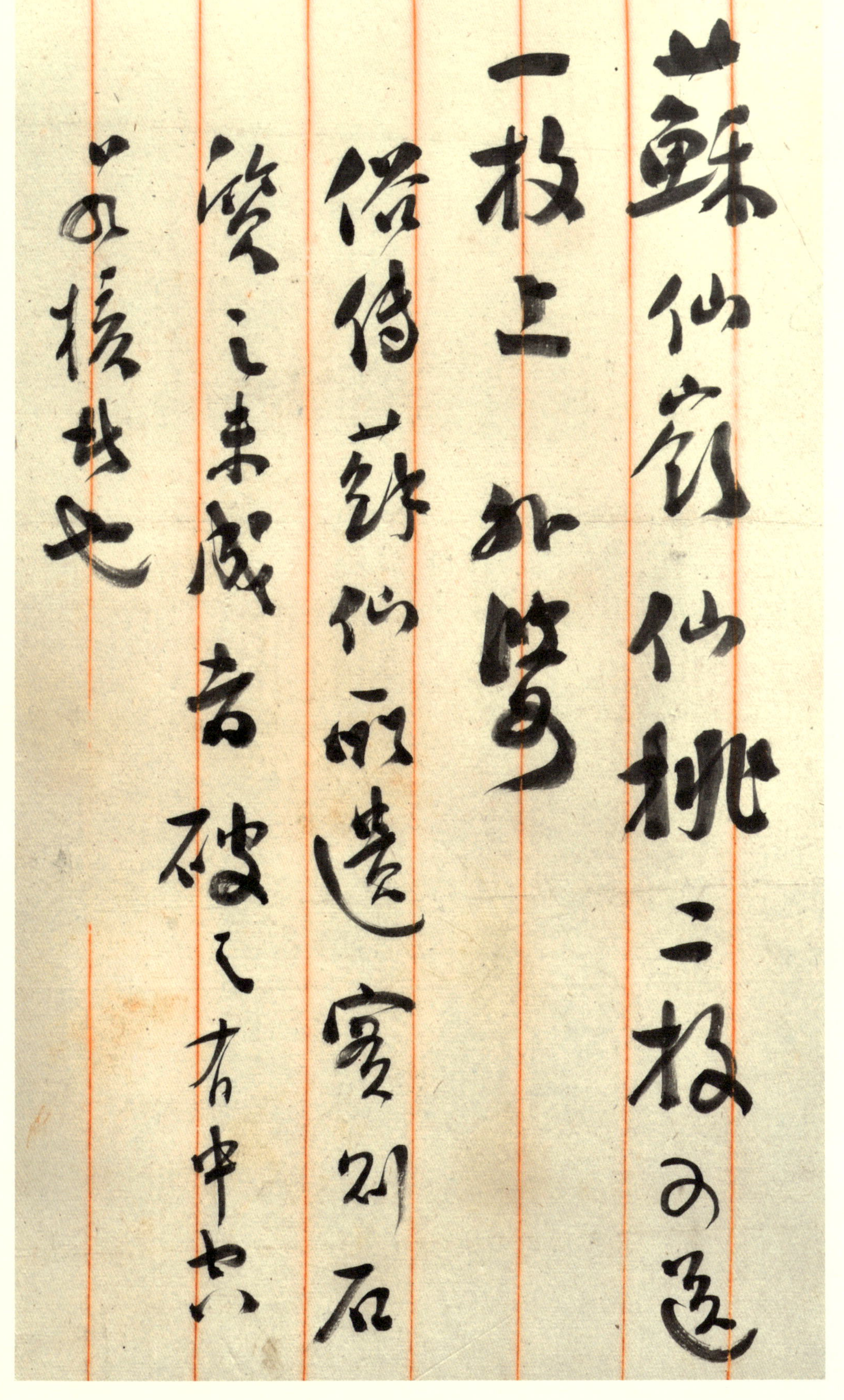

蘇仙嶺仙桃二枚已送
一枚上郝隆
俗傳蘇仙所遺實則石
潑之未成者破之有中空
四日椿挺上

第九通　致譚淑書

蘇仙嶺仙桃二枚，可送一枚上外婆。俗傳蘇仙所遺，實則石質之未成者，破之，有中空若核者也。

渊祥秋韵览者得以寄在家所发书及寄来大字卷极慰送外婆礼物宜稍讲究集恽集伊家中有之但须缀字耳上款称岳母大人下款称婿○○○再拜外孙男女叩寿人送清

江亦可同祥未歸家，渊弟西去。無人去過，可由郵寄亦好

姊偕婿羅之，此間乃大熱，需

之罩衫紗衫，可令檢出，有便

人亦可附寄來也。秋詞能

語，讀書聞之甚喜，若定想能

引申說話矣。

四月一日　長

第十通　致譚淑、譚祥、譚秋、譚韻書

淑、祥、秋、韻覽者：

得汝等在家所發書，及寄來大生書，極慰。送外婆禮物宜稍講究，漆幛漆屏家中有之，但須做字耳，上款稱「岳母大人」，下款稱「婿〇〇〇率外孫男女」。即專人送清江亦可（無人去過，即由郵寄亦行）。祥未歸家，淑可回去督僕嫗辦之。此間乃大熱，吾之單衫紗衣可令撿出，有便人亦可附寄來也。秋、韻能聽話讀書，聞之甚喜，娟寶[一]想能行步説話矣。

四月一日書

[一] 娟寶（一九二一—？），譚淑長女。

「无畏」 齊白石刻

尺寸　2.67厘米×2.68厘米×5.95厘米

邊款　鯨士　白石老人重製

材質　壽山石

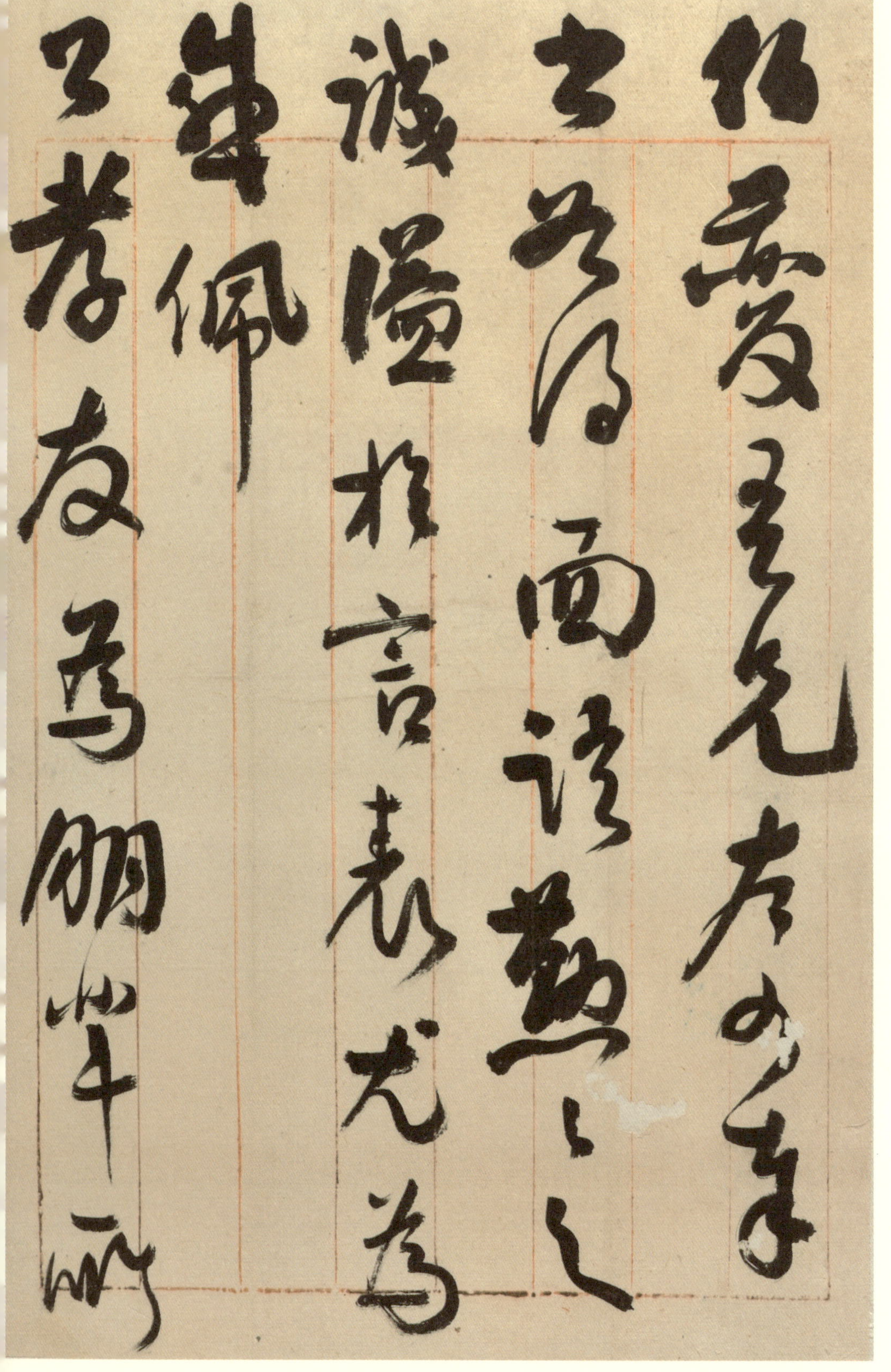

弟子將來為師
皆是也有不佳者本
近來兩人專在性情篤
厚上之者既有本而原
者皆無取也承

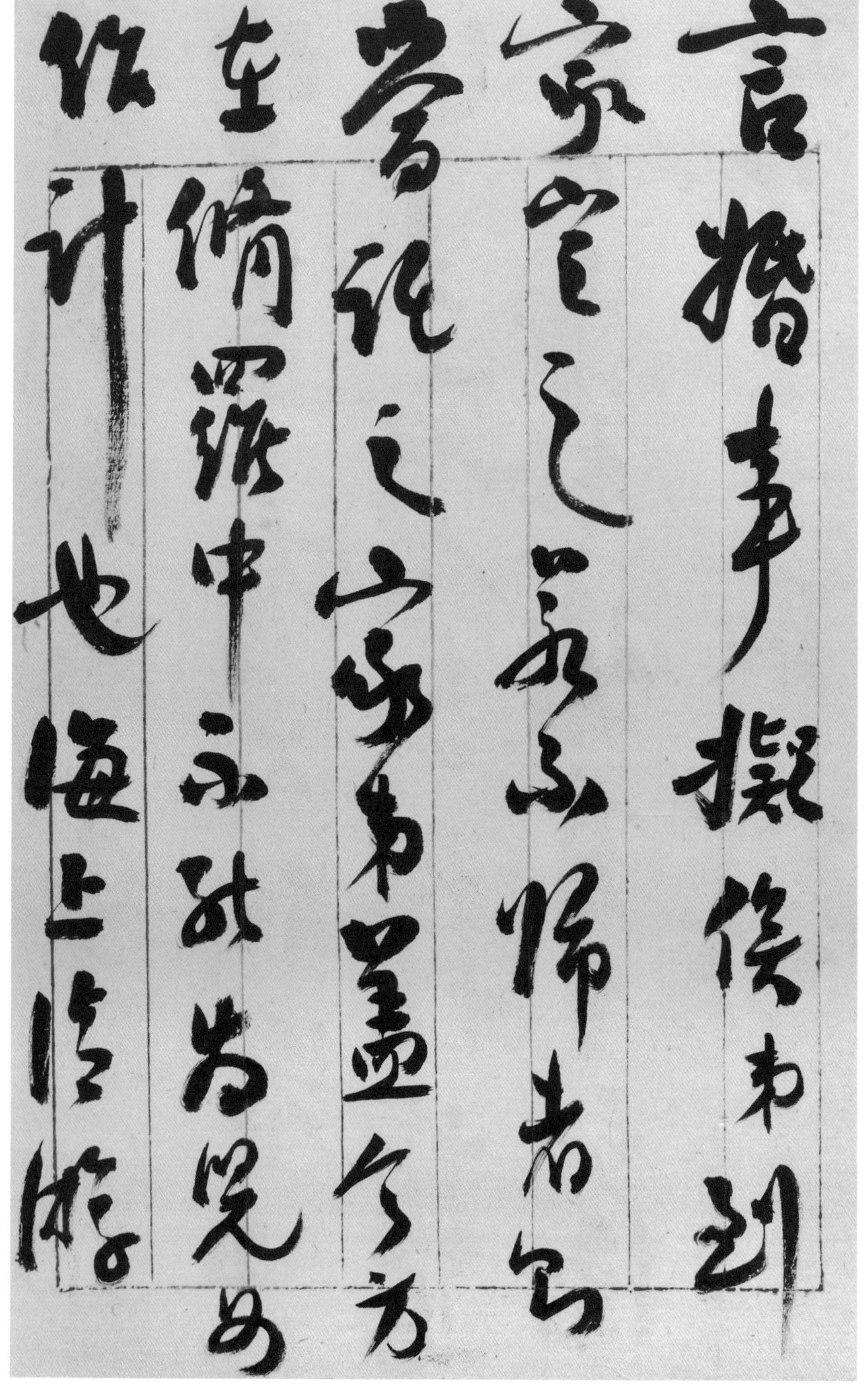

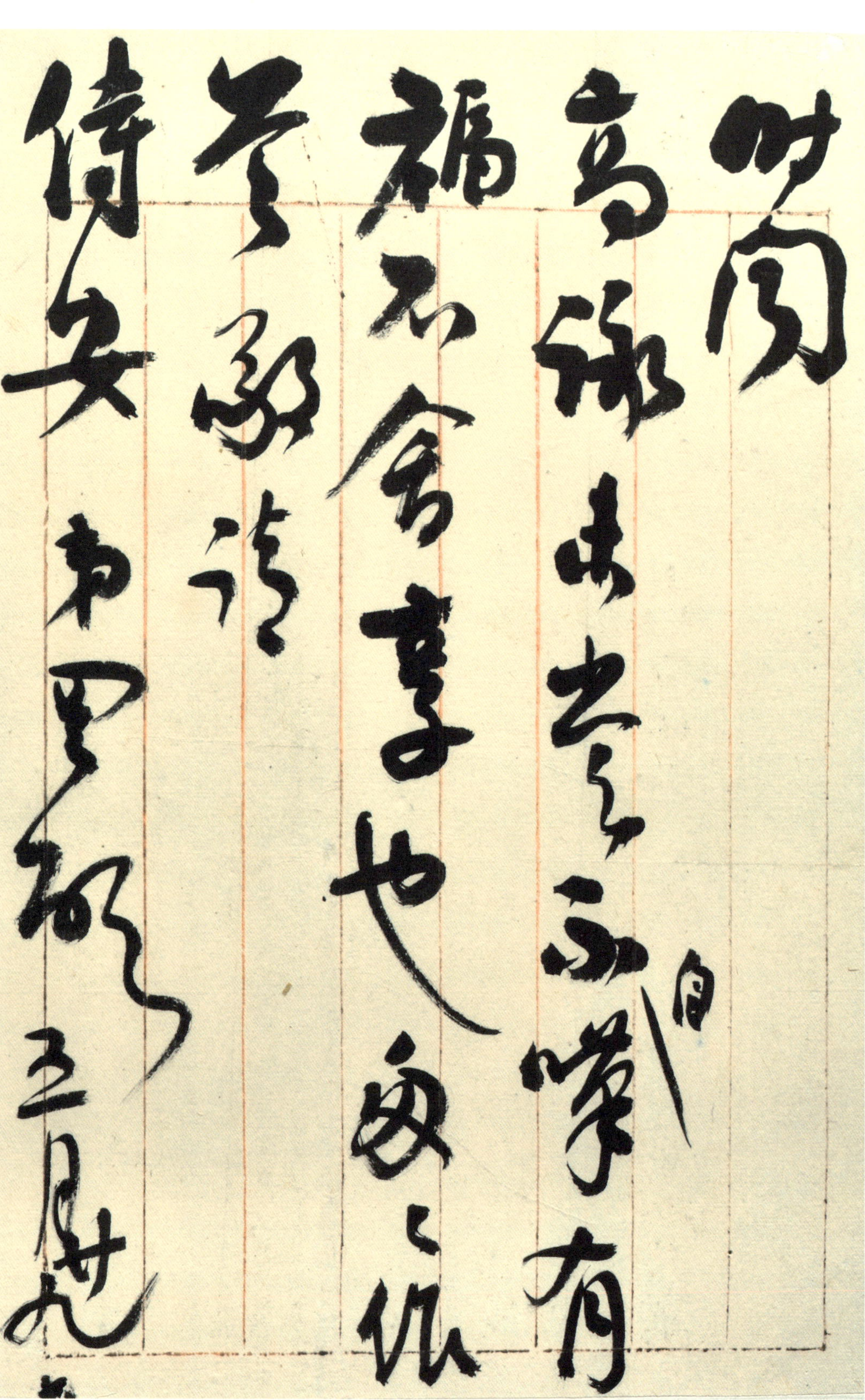

第十一通　致袁思亮書

伯夔[一]吾兄左右：

奉書如得面語，懃懃之誠，溢於言表，尤爲感佩。公孝友爲朋輩所希，子弟能奉爲師資，安有不佳者？弟近來取人，專在性情篤厚上着眼，有才而凉薄者，無取也。承言婚事，擬俟弟到家定之，若不歸者，則當託之家弟，蓋今方在脩羅中，不能爲兒女作計也。海上清游，時聞高詠，未嘗不自嘆，有福不會享也。匆匆作答，敬請

侍安。

弟闓啟　五月廿九

[一] 伯夔，即袁思亮（一八七九—一九三九），字伯夔，號蘉庵。湖南湘潭人。光緒二十九年（一九〇三）舉人。陳三立弟子。清末兩廣總督袁樹勳長子。曾任北洋政府國務院秘書、印鑄局局長。晚年隱居海上。

「從吾所好翫而老焉」 馮康侯刻

尺寸 2.27 厘米×2.27 厘米×7.2 厘米

邊款 康侯

材質 壽山石

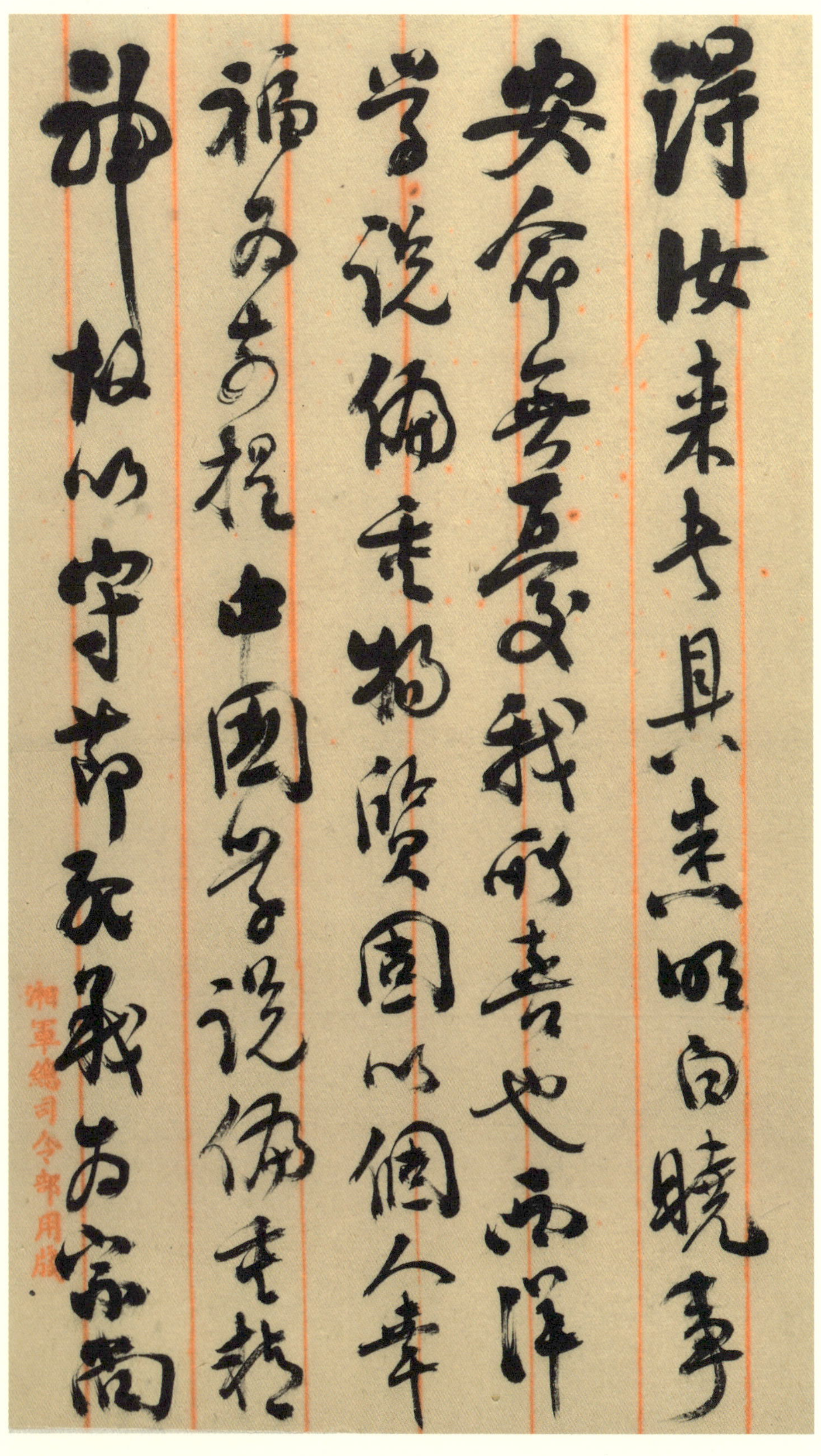
得汝來書具悉明白曉事
安分無過我所喜也西洋
學說偏重物質國以個人幸
福為本根中國學說偏重精
神極以守節死義為尚

湘軍總司令部用箋

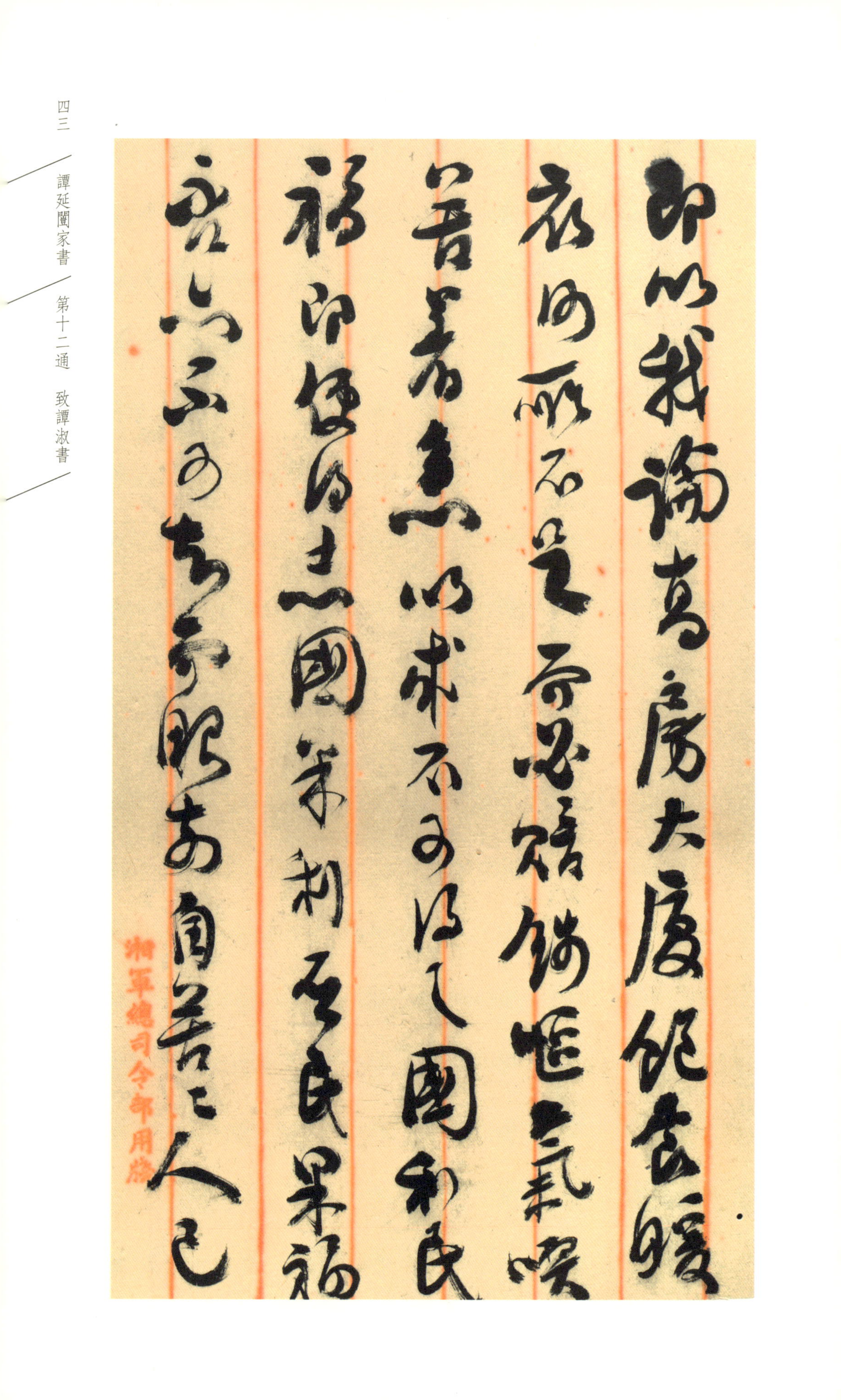

湘軍總司令部用箋

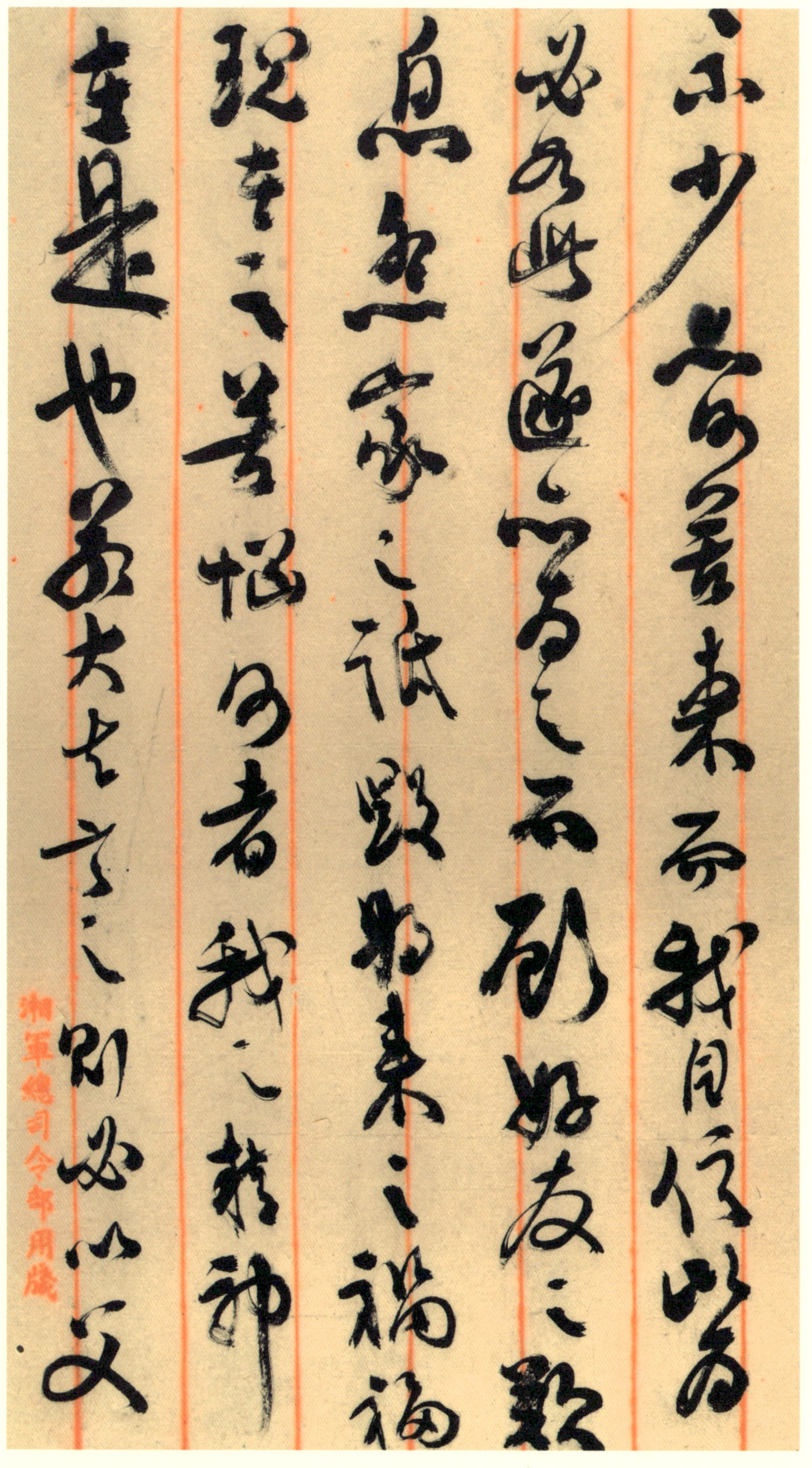
湘軍總司令部用箋

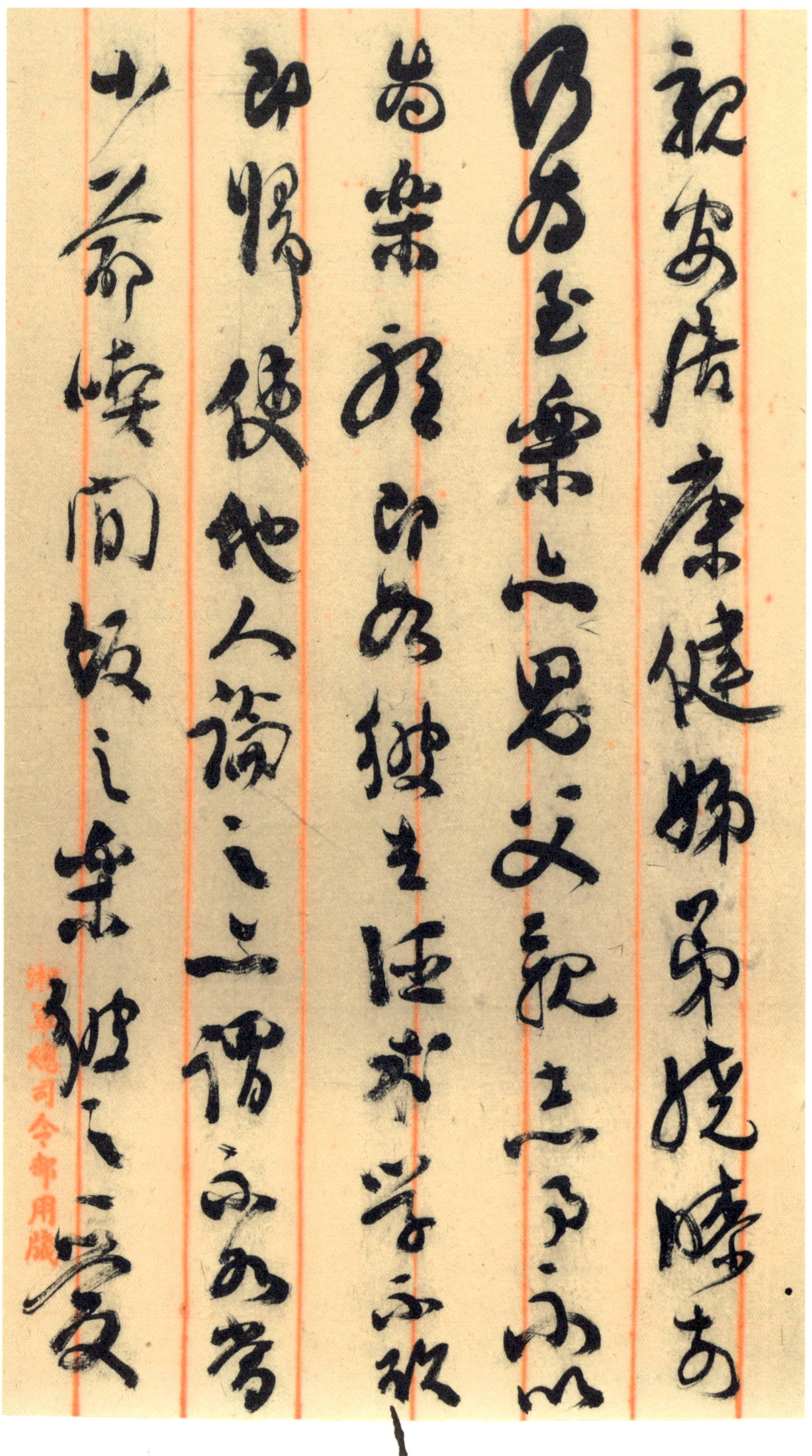

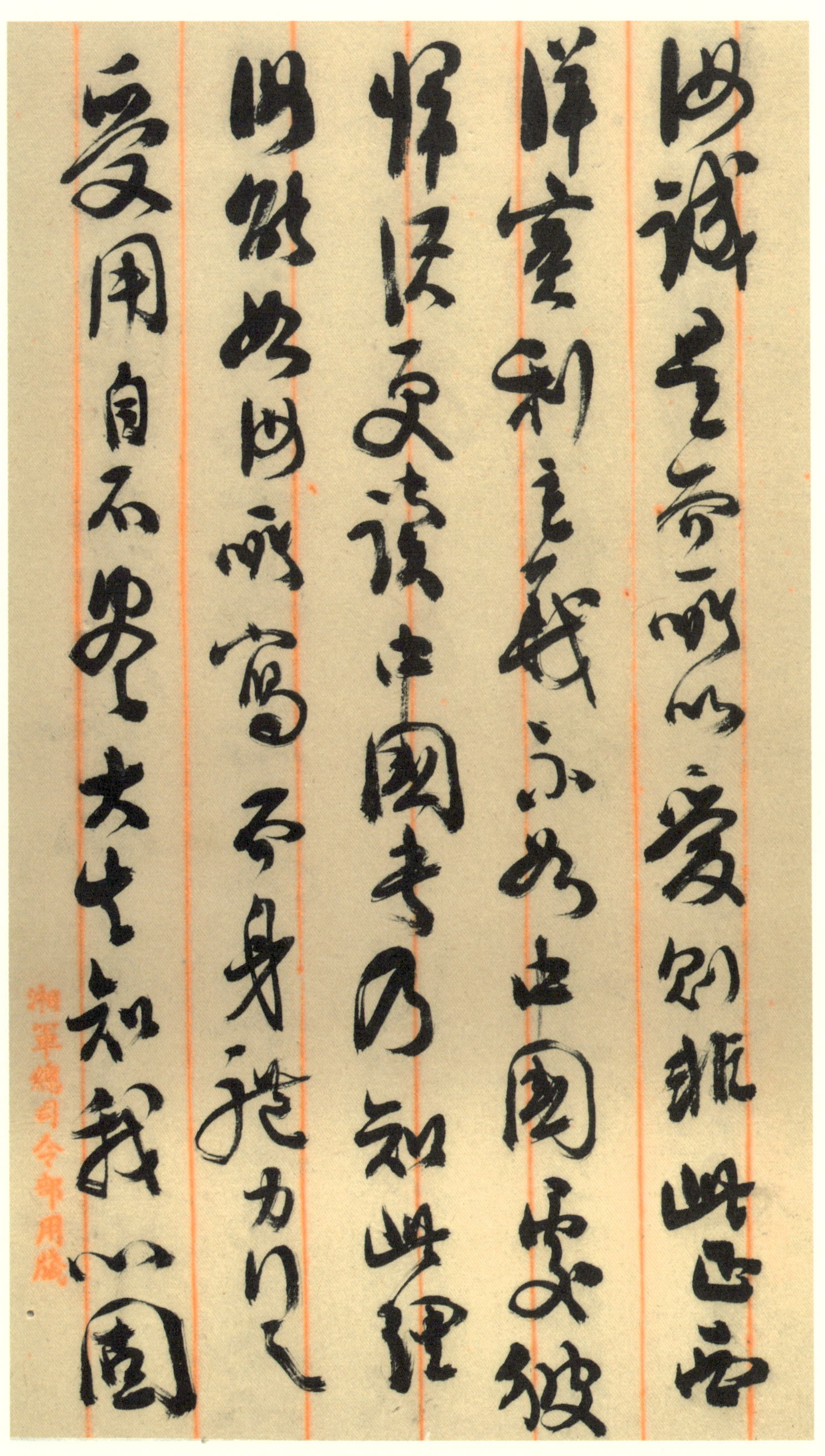
湘軍總司令部用箋

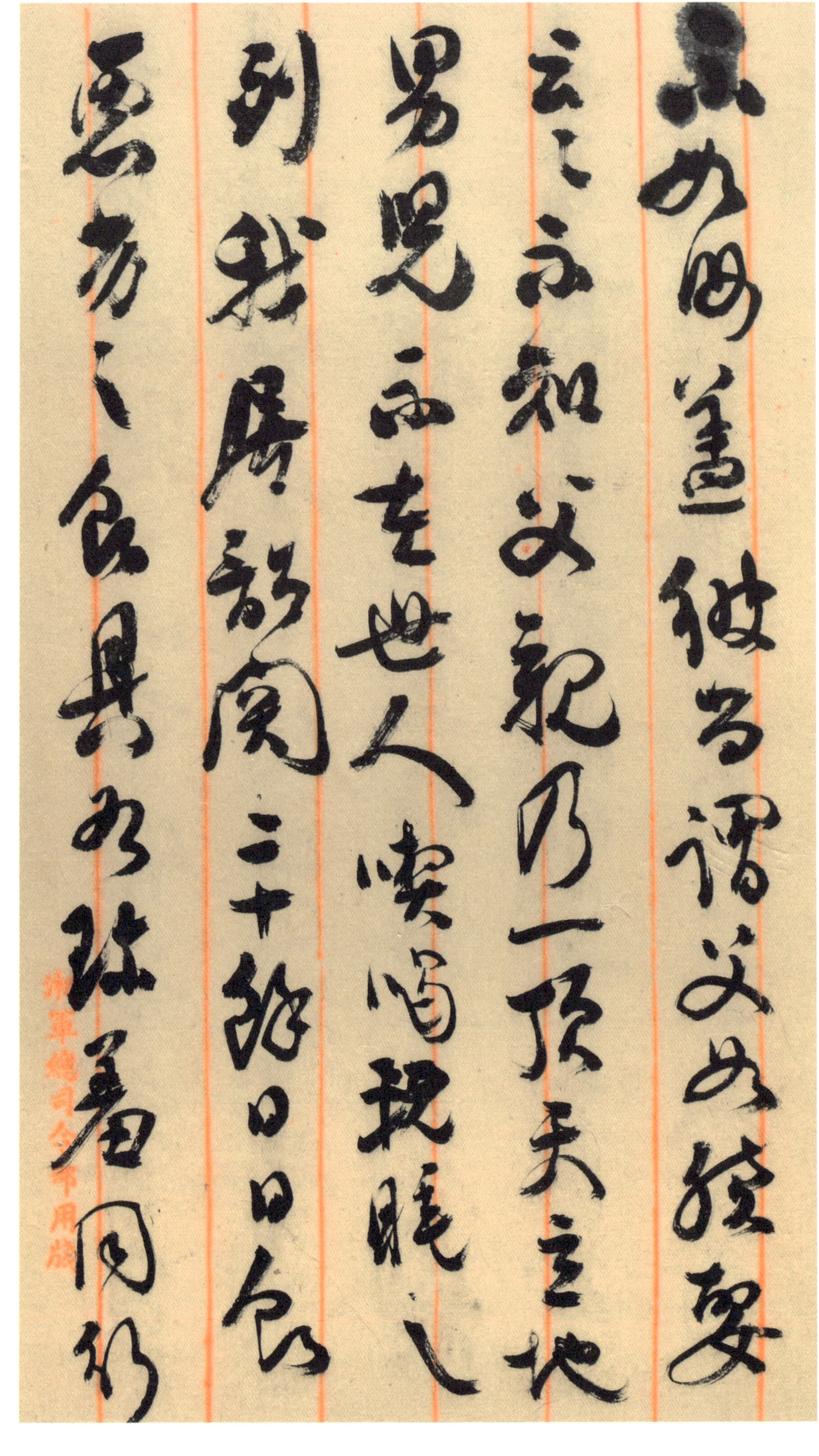

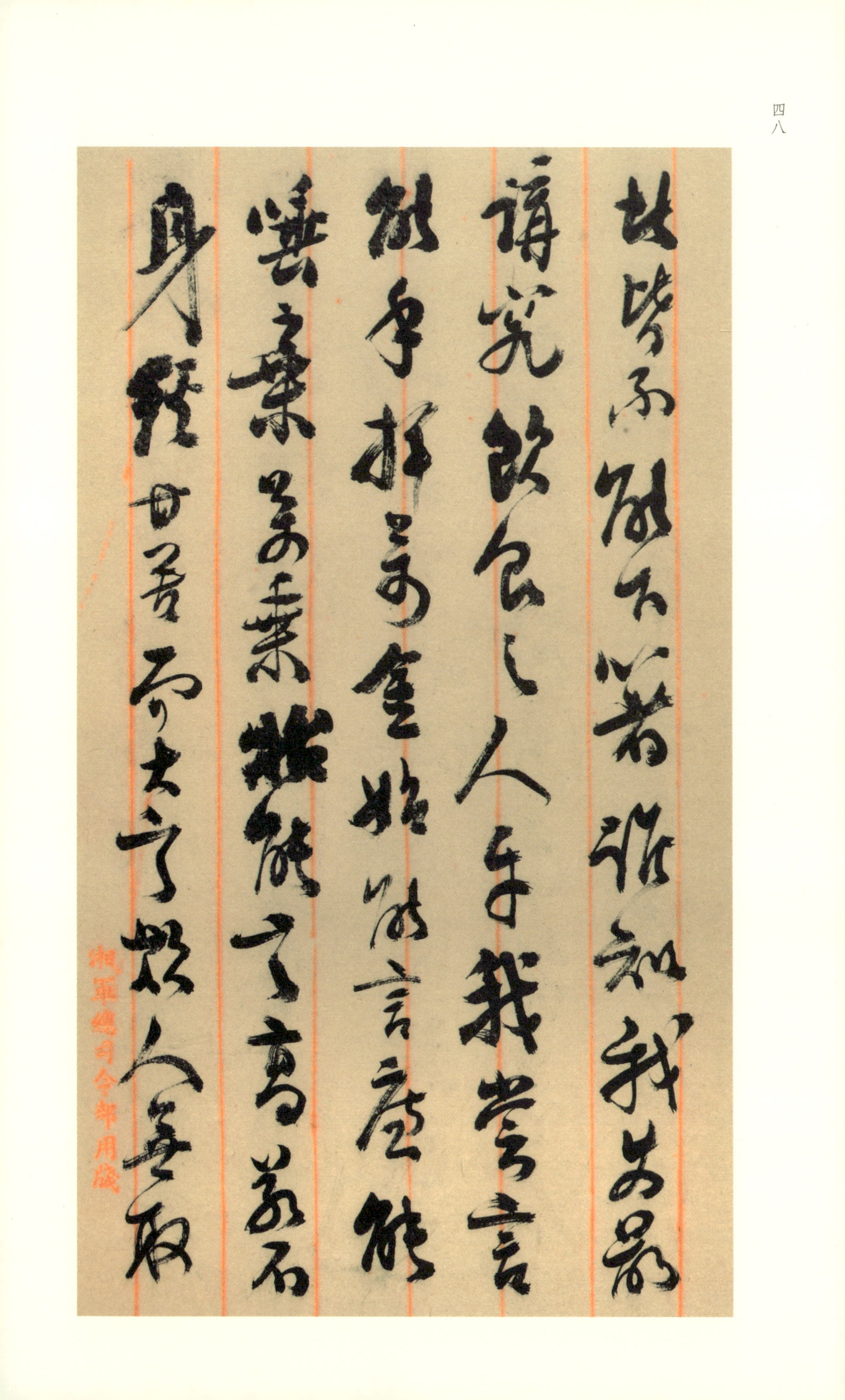

湘軍總司令部用箋

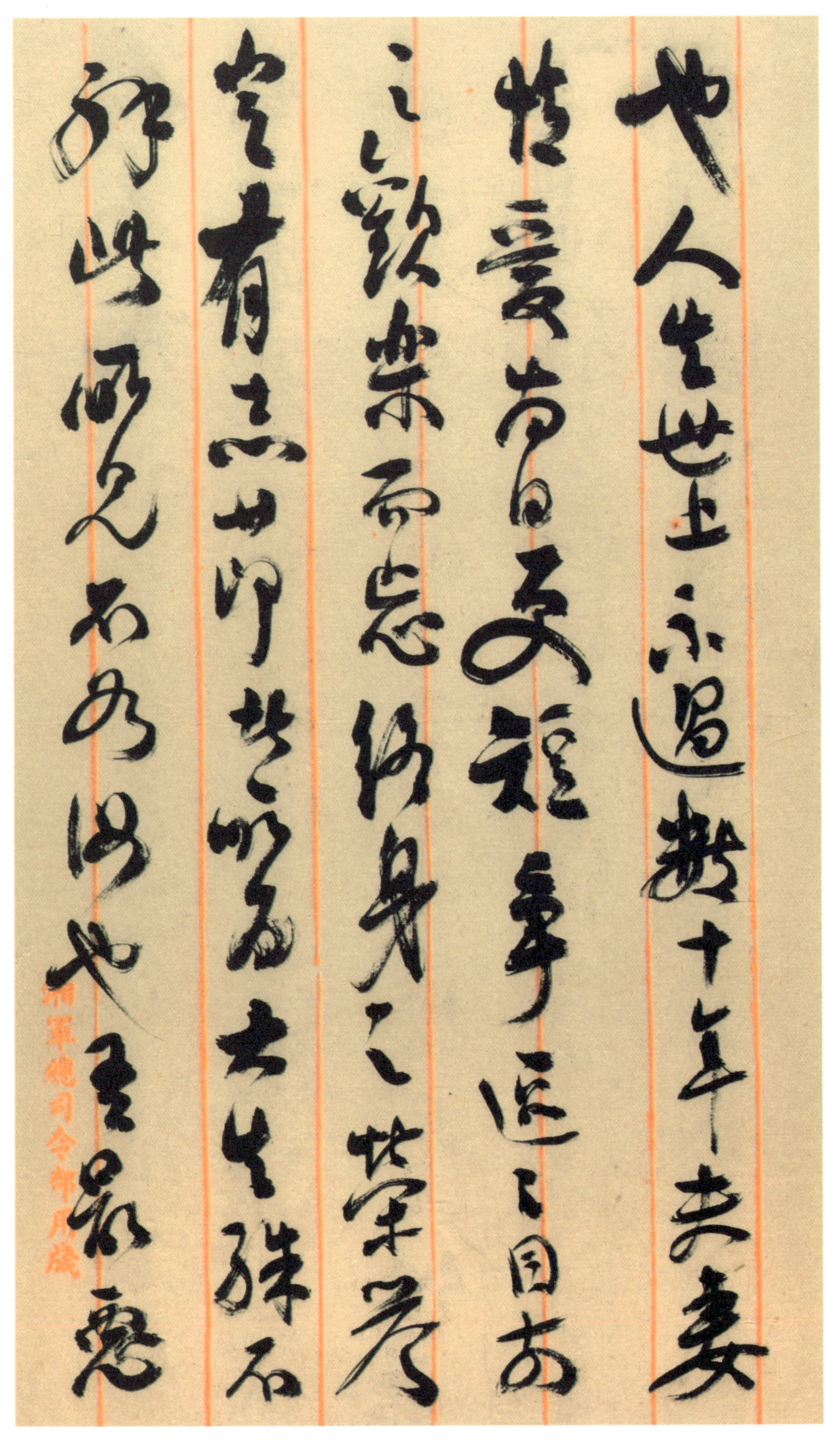

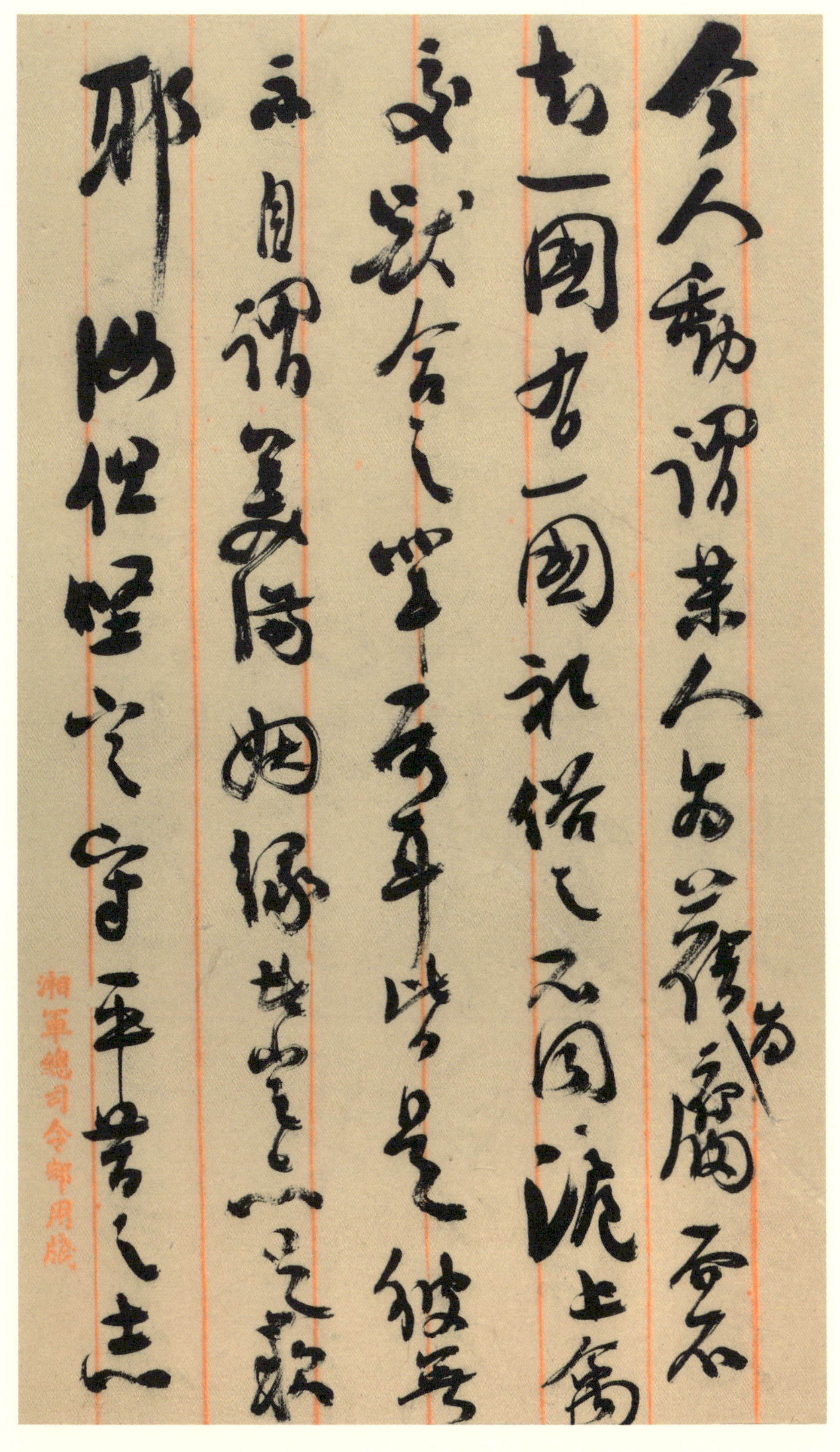
湘軍總司令部用箋

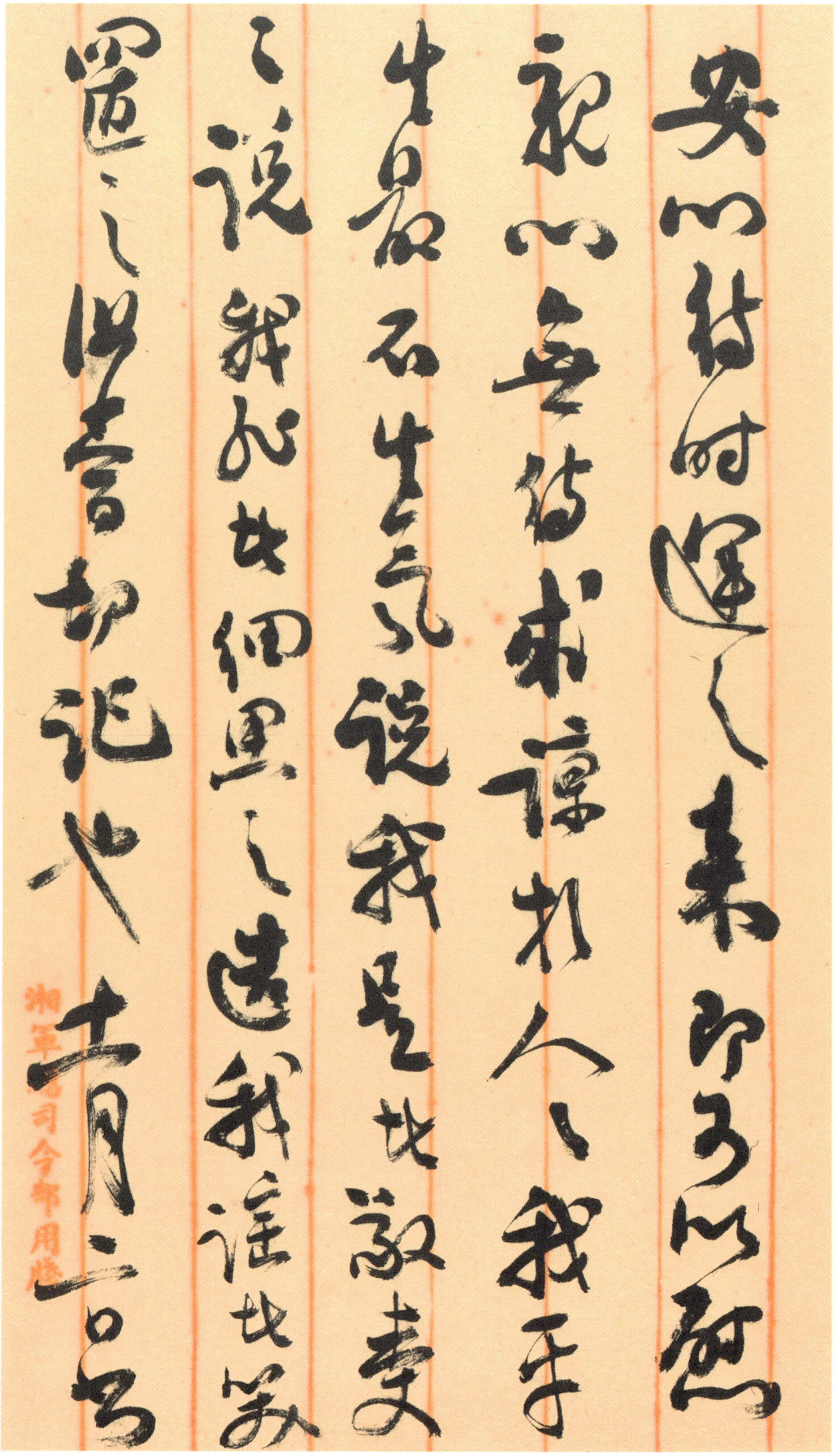

第十二通　致譚淑書

得汝來書，具悉。明白曉事，安命無憂，我所喜也。西洋學説偏重物質，固以個人幸福爲前提。中國學説偏重精神，故以守節死義爲宗尚。即以我論，高房大厦，飽食暖衣，何所不足。而必賠錢嘔氣，喫苦著急，以求不可得之國利民福。即便得志，國果利否？民果福否？亦不可知，而眼前自苦，苦人已不少，亦何苦來？而我自信以爲必如此，遂亦爲之，不顧好友之嘆息，怨家之詆毁，將來之禍福，現在之苦惱，何者？我之精神在是也。若大生言之，則必以父親安居康健，姊弟繞膝前，乃爲至樂。亦思父親志事，不以爲樂耶？即如彼去立德求學，不欲即歸，使他人論之，亦謂不如當少爺喫閑飯之樂。彼之愛汝誠是，而所以愛則非，此正西洋實利主義不如中國處。彼歸，須更讀中國書，乃知此理。汝能如汝所寫而身體力行之，受用自不盡。大生知我心，固不如汝，蓋彼尚謂父如續娶云云，不知父親乃一頂天立地男兒，不在世人喫喝玩睡之列。我居韶關二十餘日，日食惡劣之食具如珍羞，同行者皆不能下箸，誰知我爲最講究飲食之人乎？我嘗言：「能手揮萬金，始能言廉；能唾棄萬乘，始能言高。」若不身經甘苦而大言欺人，無取也。人生世上不過數十年，夫妻情愛，爲日更短，爭區區目前之歡樂，而忘終身之榮譽，豈有志節者所爲？大生殊不解，此所見不如汝也。吾最惡今人動謂某人爲舊爲腐，而不知一國有一國禮俗之不同。滬上禽交獸合之輩屬耳皆是，彼無不自謂美滿姻緣者，豈亦足嘆耶？汝但堅定守平昔之志，安心待時運之來，即可以慰親心，無待求諒於人人。我平生最不生氣，説我是者，敬受之；説我非者，細思之；造我謡者，笑置之。汝當切記也。

十一月二日書

「玉連環」 陳衡恪刻

尺寸 3.16 厘米×1.91 厘米×6.38 厘米

邊款 組安三弟屬刊家仲舊贈石 辛丑清明

材質 凍石

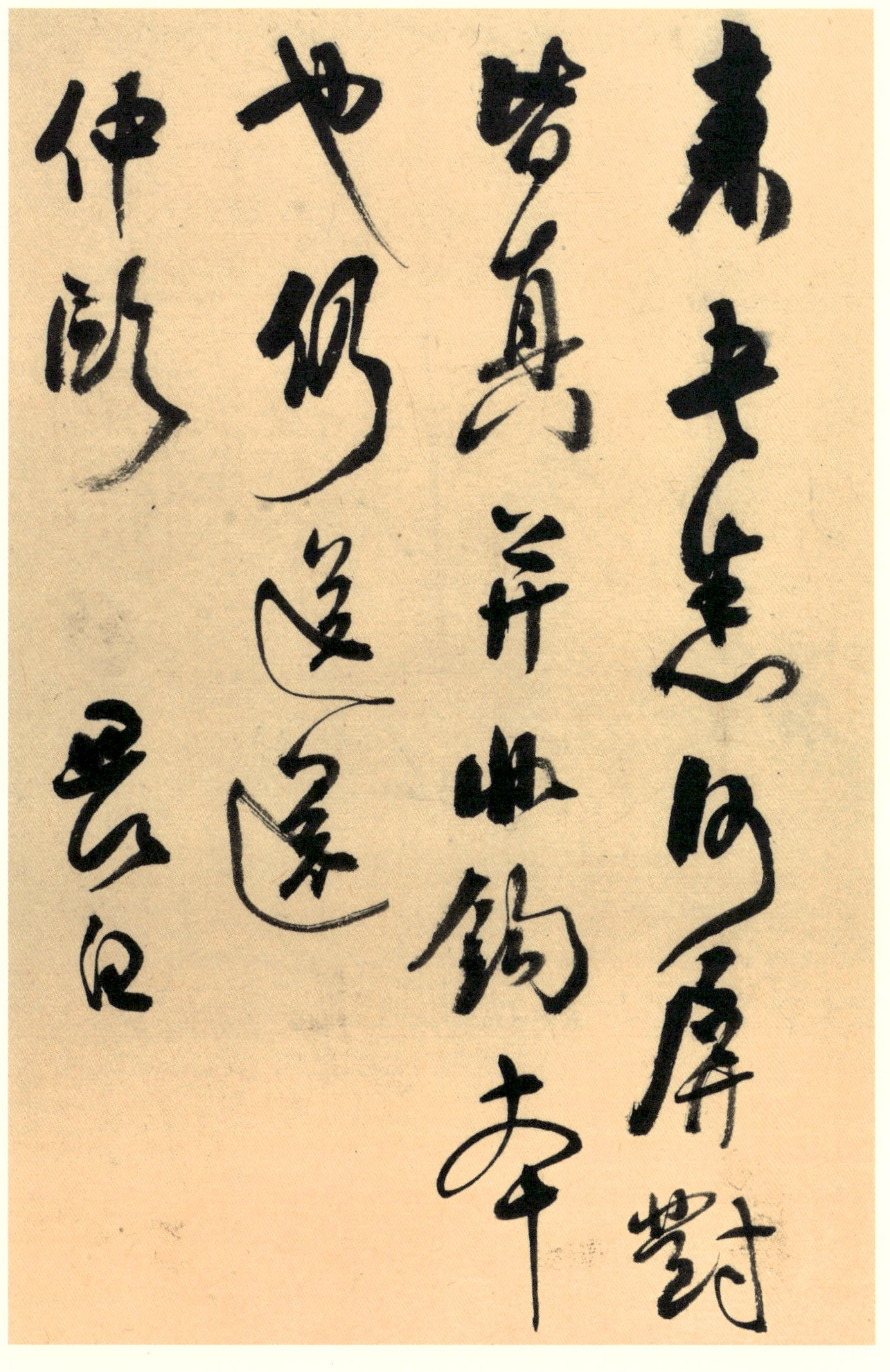

第十三通　致袁思彥書

來書悉。何[一]屏對皆真，並非鈎本也，仍送還。

仲頤[二]　　畏白

[一]何，即何紹基。

[二]仲頤，即袁思彥（一八九五—？），字仲頤，湖南湘潭人。畢業于浙江省法政學堂。清末兩廣總督袁樹勳第六子，譚延闓長女譚淑夫婿，曾任國民政府行政院秘書等職。

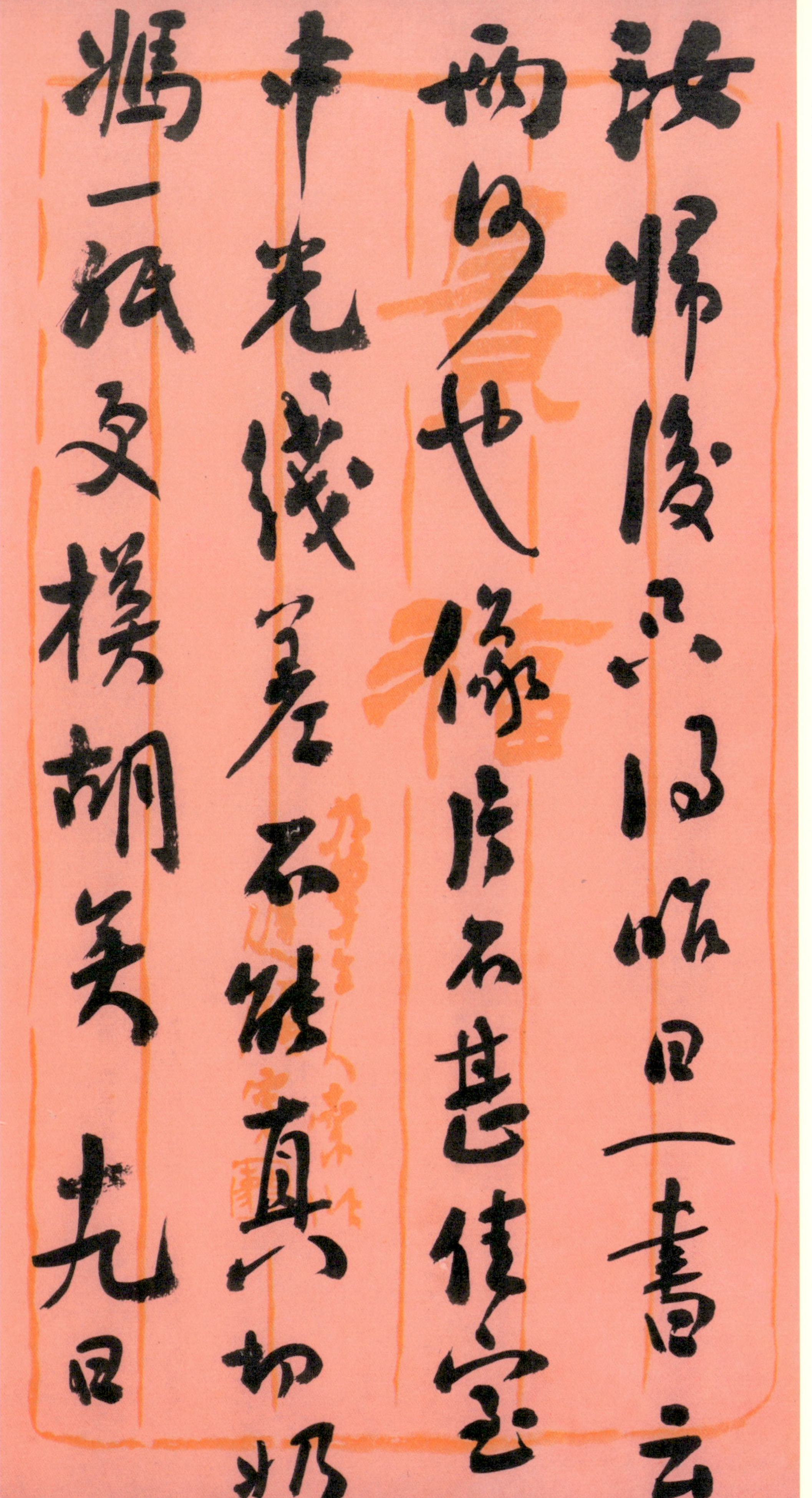
汝归後只得昨日一書云
病好也係信不甚佳宝
中先綫寄居不能真切奶
媽一紙又模胡矣 九日

第十四通　致譚淑書

汝歸後只得昨日一書，云兩何也。像片不甚佳，室中光綫差，不能真切，奶媽一紙更模胡矣。

十九日

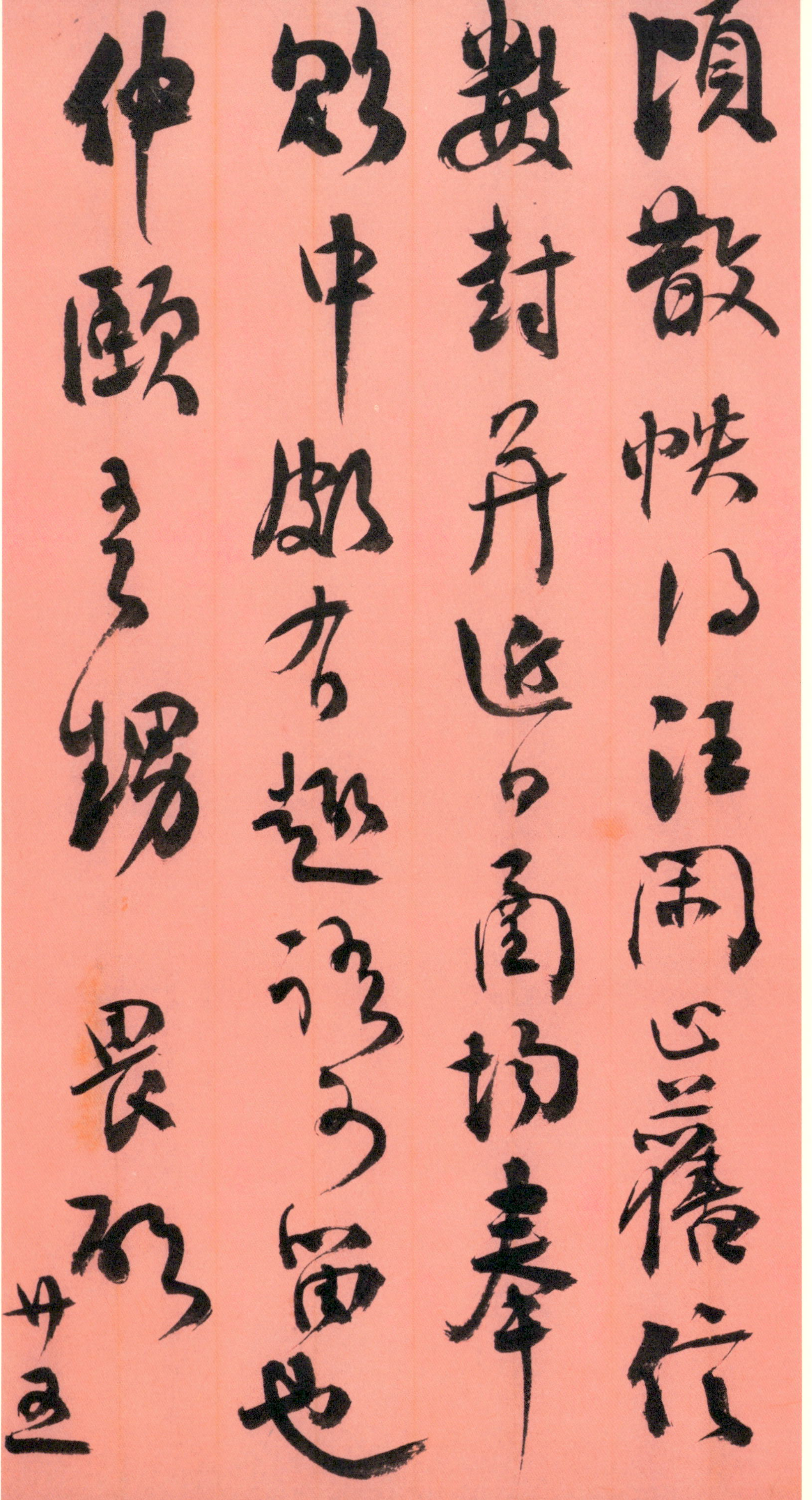

第十五通　致袁思彥書

頃散帙得汪閑止[一]舊信數封，並近日函，均奉貽，中頗有趣語，可留也。

仲頤吾甥

畏啟　廿五

[一] 汪閑止（一八六五—一九四〇），名詒書，字頌年，晚號閑止。湖南善化人。光緒十八年（一八九二）進士，官至山西布政使。民國後，任長沙關監督，南京國民政府行政院高等顧問。

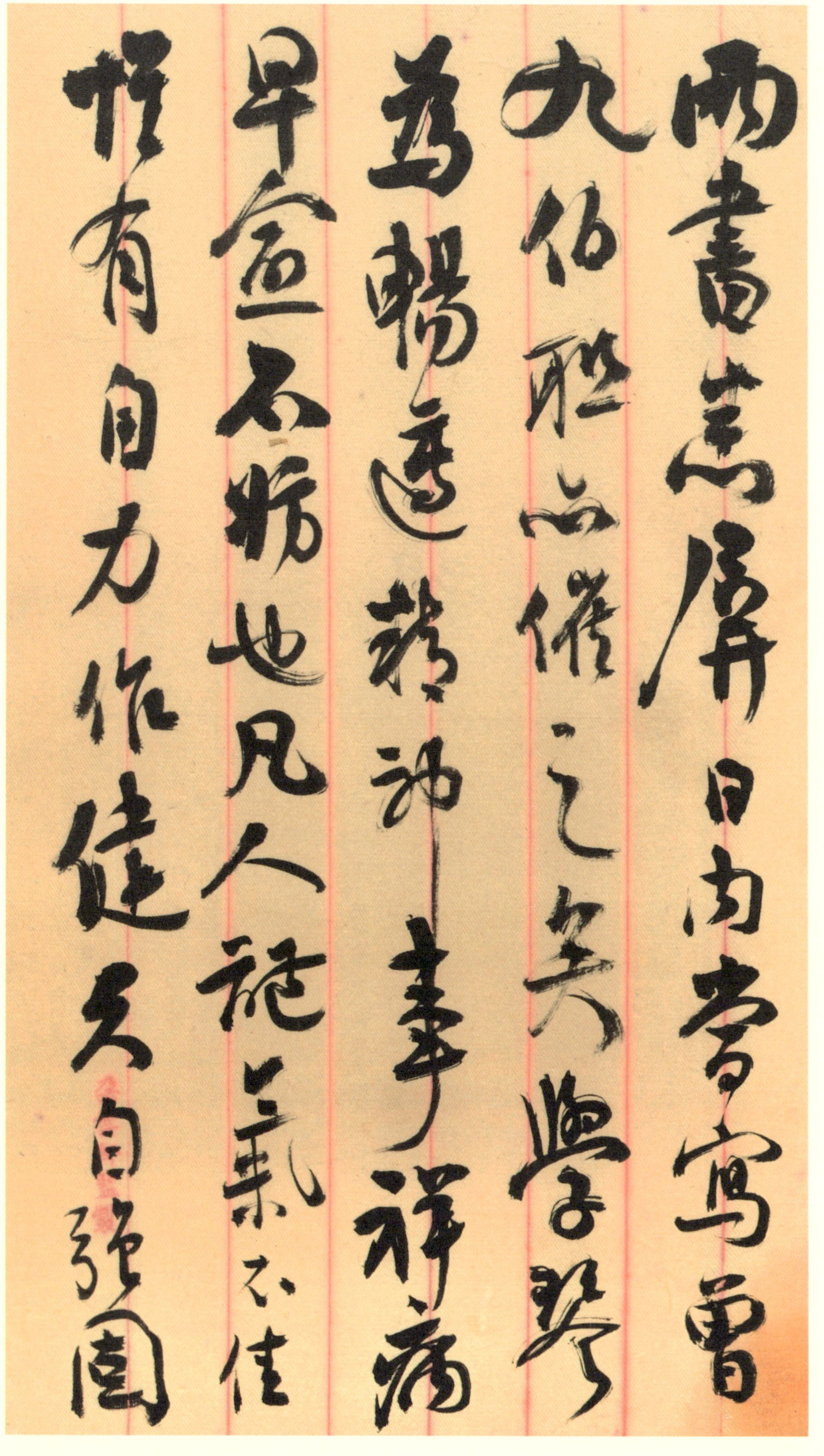

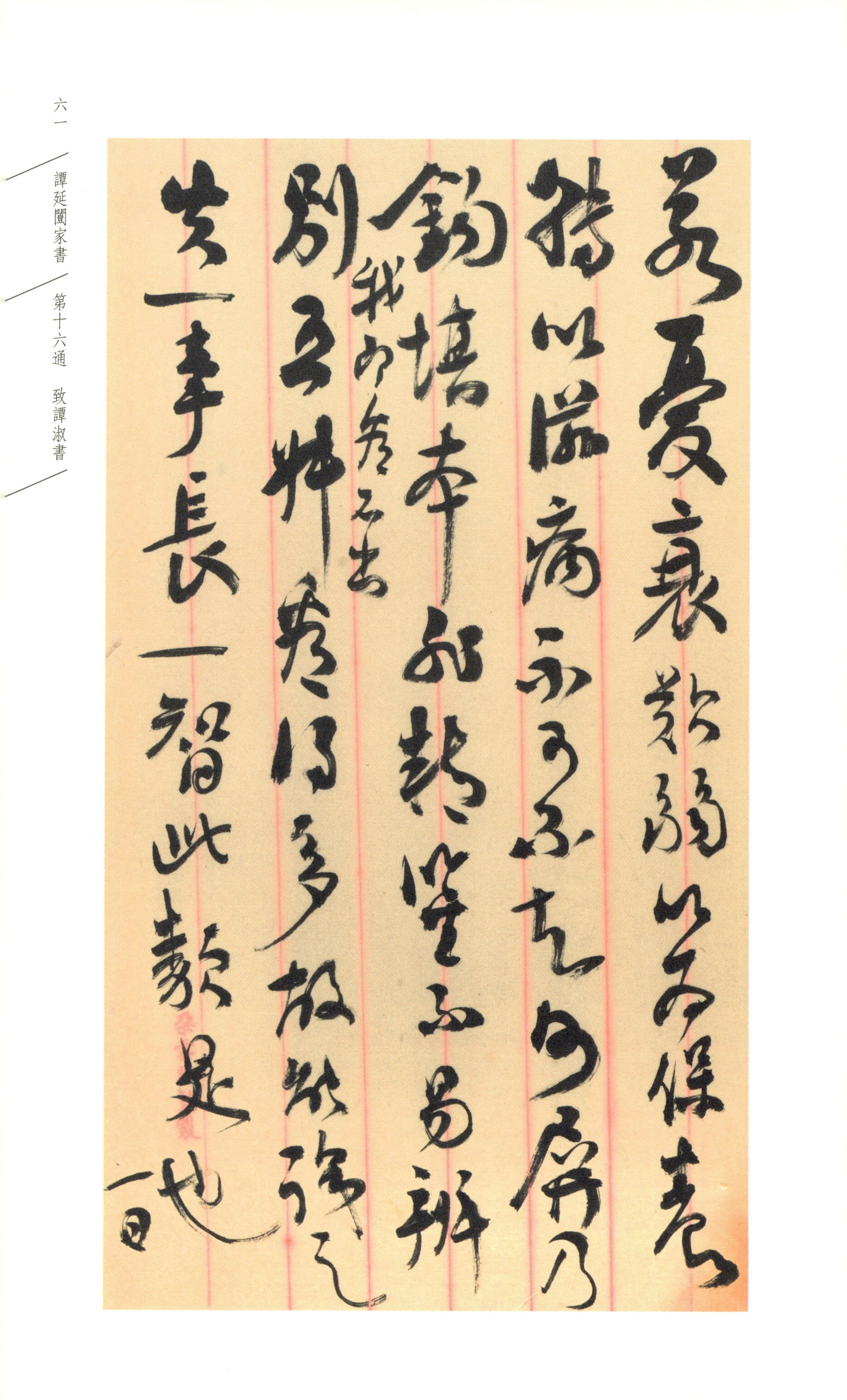

第十六通　致譚淑書

兩書悉。屏日内當寫，曾九[一]伯聯亦催之矣。學琴爲暢適精神事。祥病早愈，不妨也。凡人體氣不佳，惟有自力作健，久自强固。若憂衰嘆弱，以爲保養，轉以滋病，不可不知。何屏乃鈎填本，非精鑒不易辨別（我即看不出），五叔看得多，故能識之。失一事長一智，此類是也。

一日

[一] 曾九，即曾熙（一八六一—一九三〇），字子緝，號嗣元、俟園，晚號農髯，齋名永建齋、游天戲海樓、心太平盦。湖南衡陽人。近代著名學者、教育家、書畫大家。曾先後主講衡陽石鼓、漢壽龍池等書院。光緒二十九年（一九〇三）進士，特旨授兵部主事。一九〇五年返鄉，創辦南路優級師範學堂並任監督，旋任湖南高等學堂監督（湖南大學校長）。一九〇九年湖南成立諮議局，被推爲副議長兼教育會會長。鼎革後，當選爲湖南省議會副議長。晚年居海上，以鬻書畫設帳授徒爲業。一九二九年被故宫聘爲專門委員。著名的弟子有馬駘、張善孖、張大千、馬宗霍、朱大可、陸淵雷等。

曾熙、譚延闓書畫合璧扇

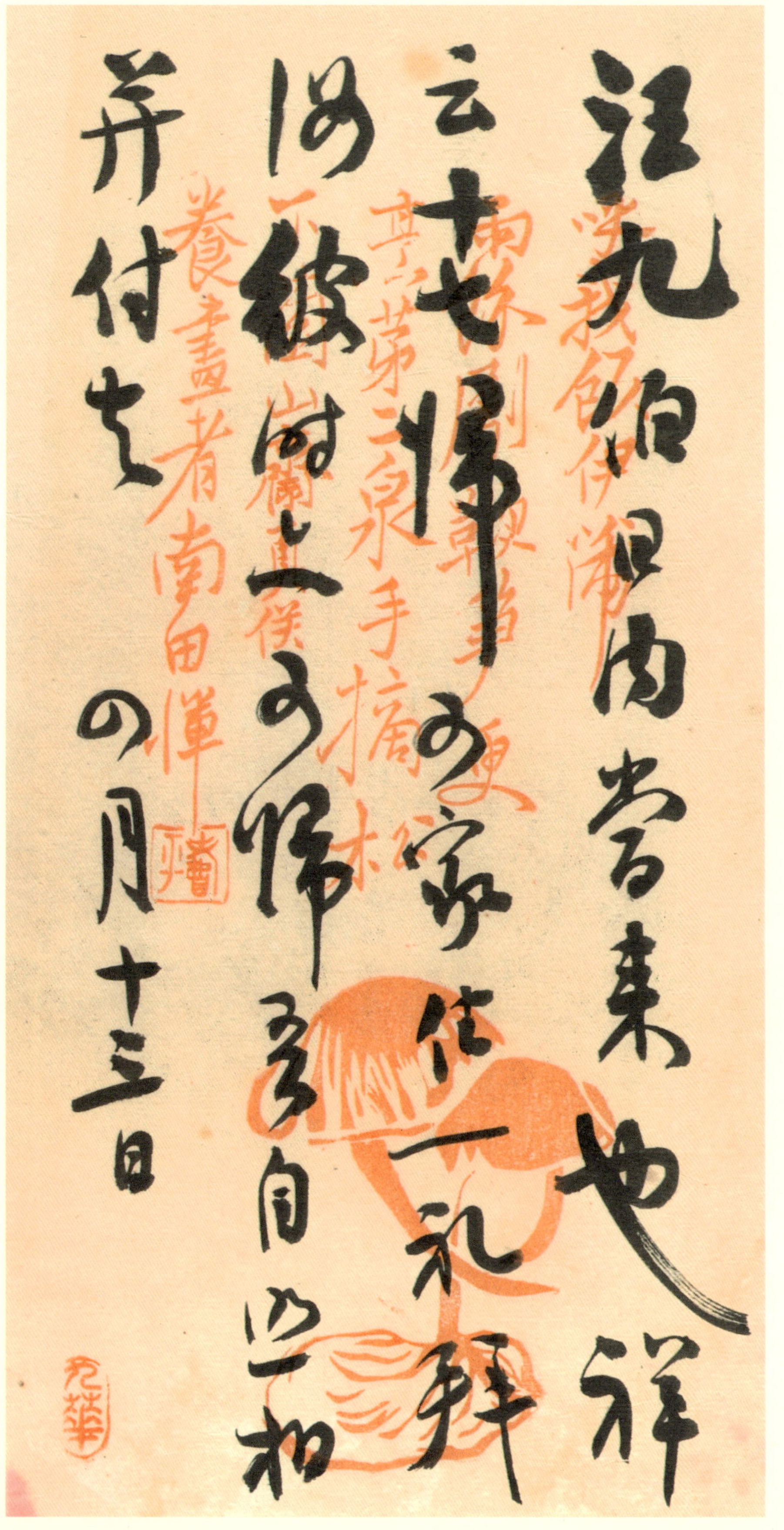

第十七通　致譚淑書

汪九伯日内當來也。祥云十七歸，可家住一禮拜，汝彼時亦可歸。吾自照相並付去。

四月十三日

三朝洗兒外家例有衣飾之贈今送去二百元請賢夫婦自置還以辦教者為酒二罈待此女嫁時飲必佳也

仲頭表甥

畏白 十六

第十八通　致袁思彥書

三朝洗兒，外家例有衣飾之贈，今送去二百元，請賢夫婦自置辦較省事。酒二罎，待此女嫁時飲，必佳也。

仲頤吾甥

畏白　十六

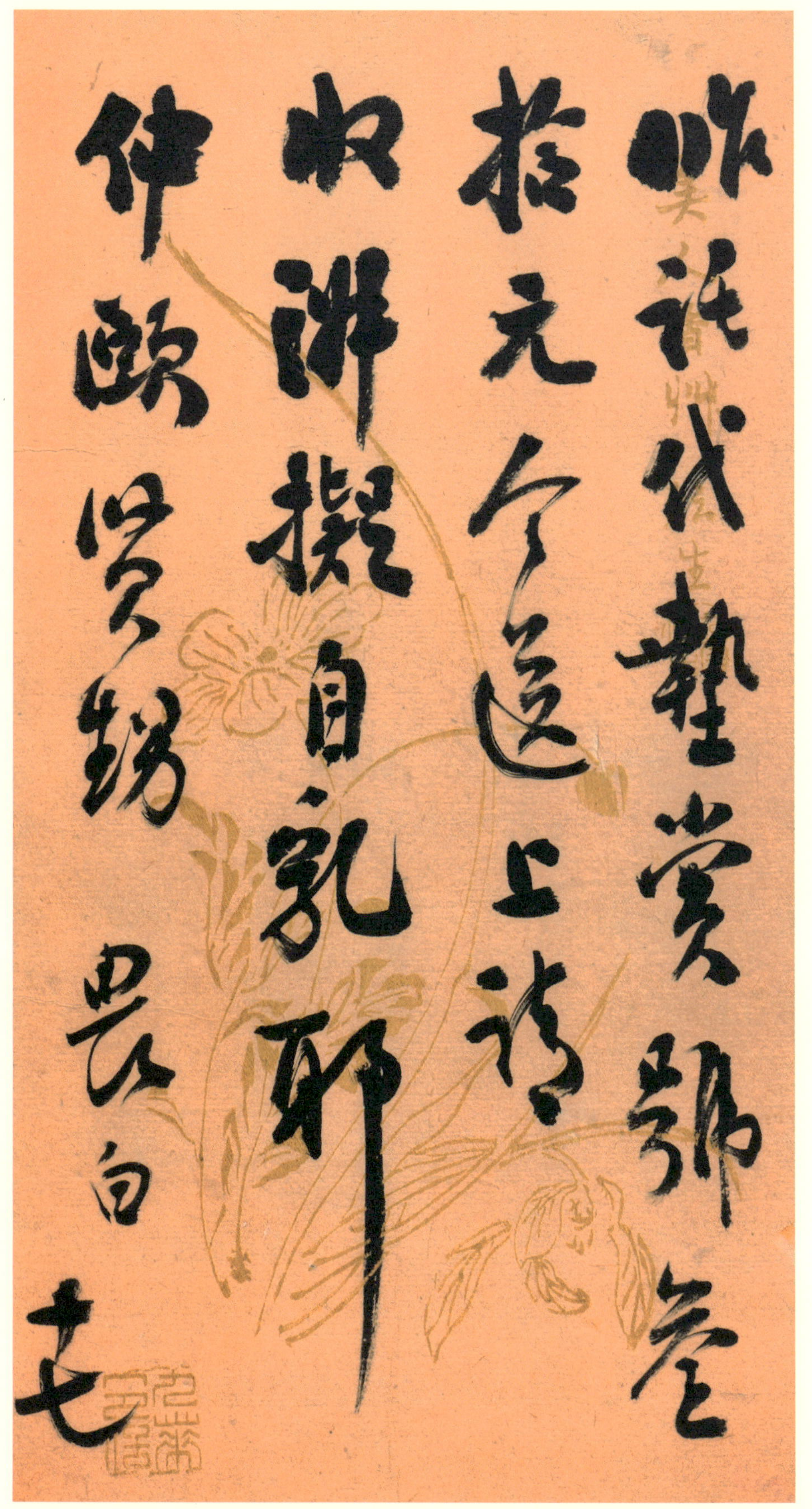

第十九通　致袁思彦書

仲頤賢甥

昨託代墊賞號叁拾元，今送上，請收。淑擬自乳耶？

畏白　十七

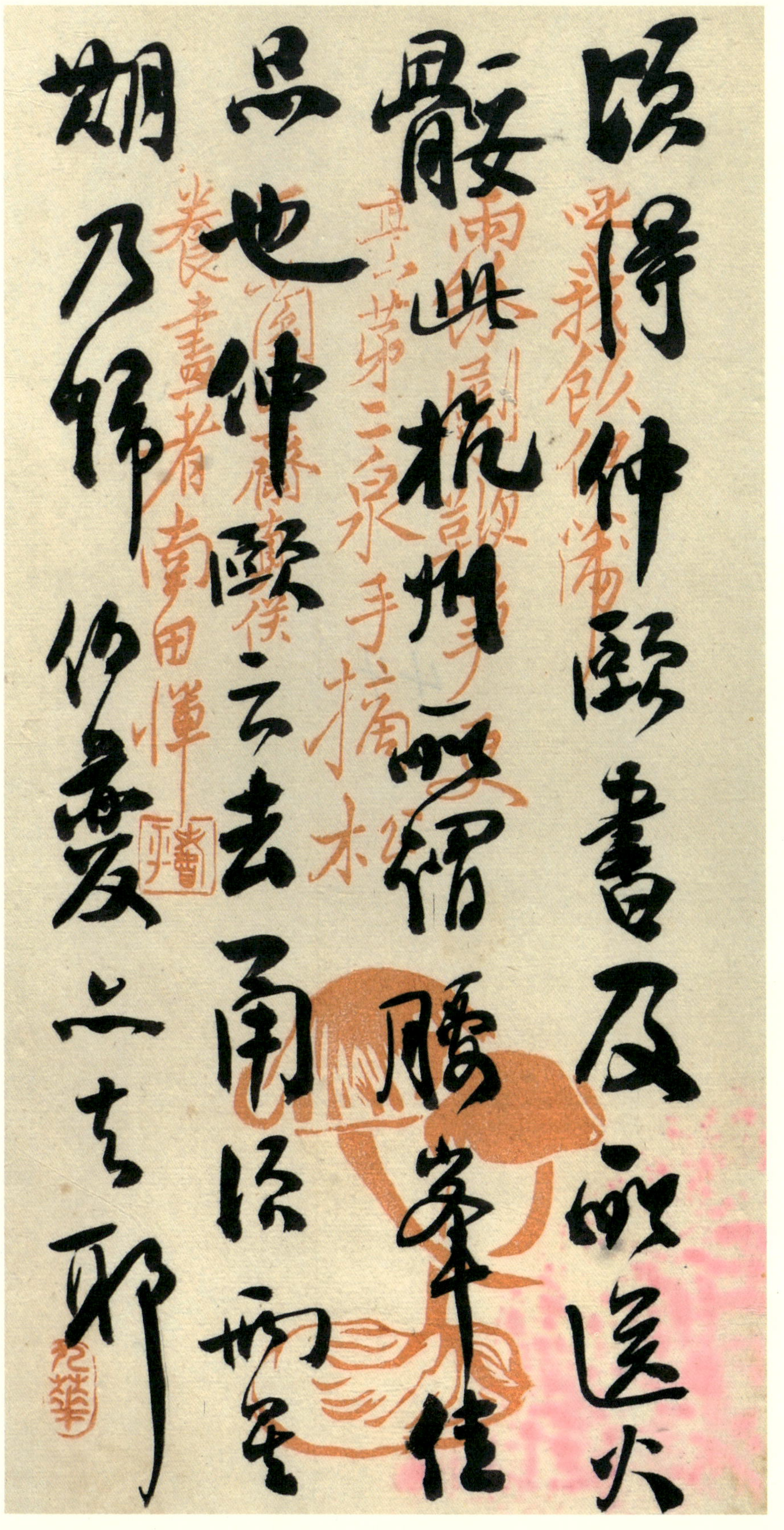

第二十通　致譚淑書

頃得仲頤書，及所送火骽，此杭州所謂腰峰，佳品也。仲頤云：「去甬須兩星期乃歸。」伯夔亦去耶？

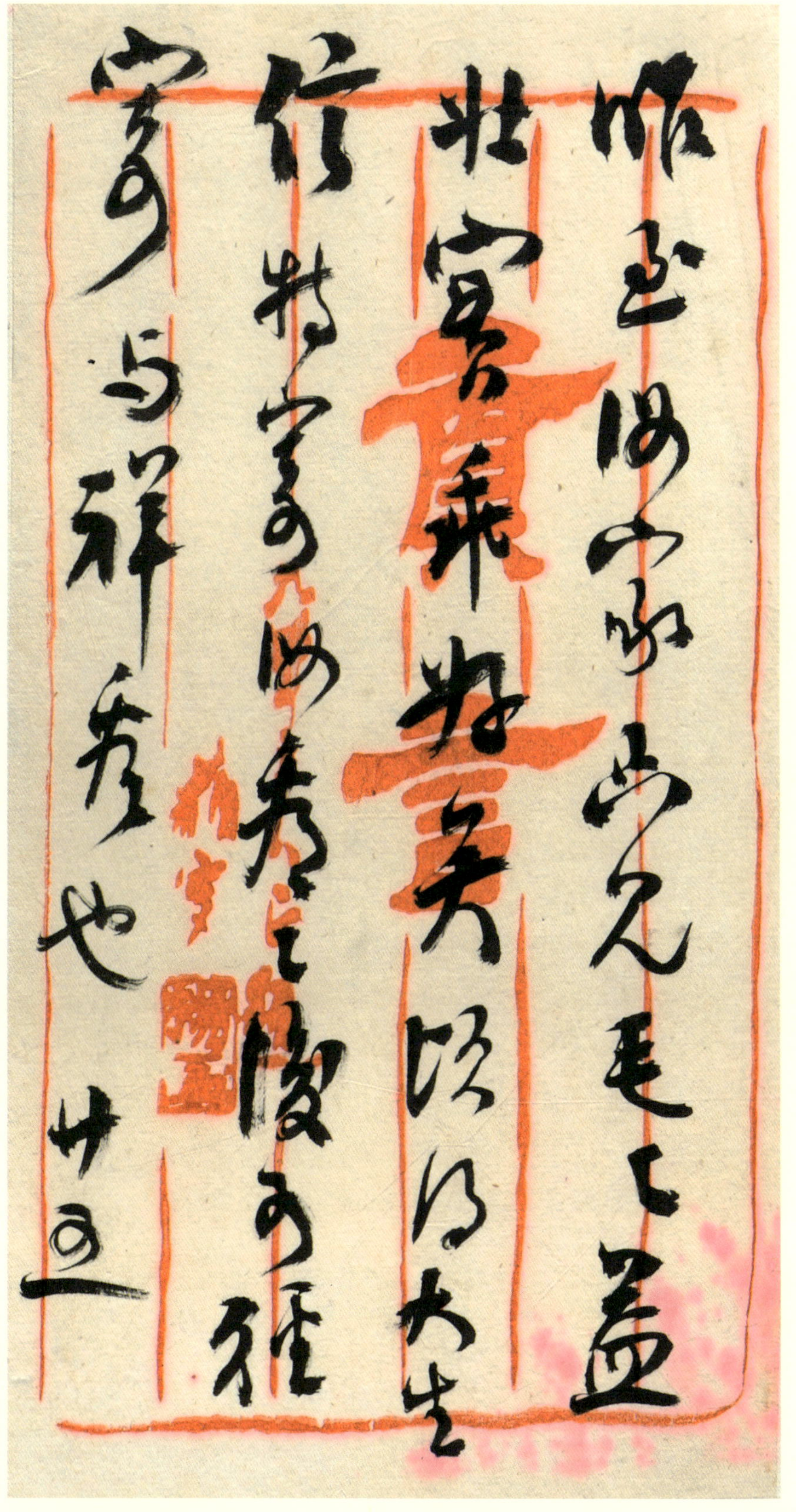

第二十一通 致譚淑書

昨至汝家，只見毛毛益壯實乖好矣。頃得大生信，特寄汝看，看後可徑寄與祥看也。

廿五

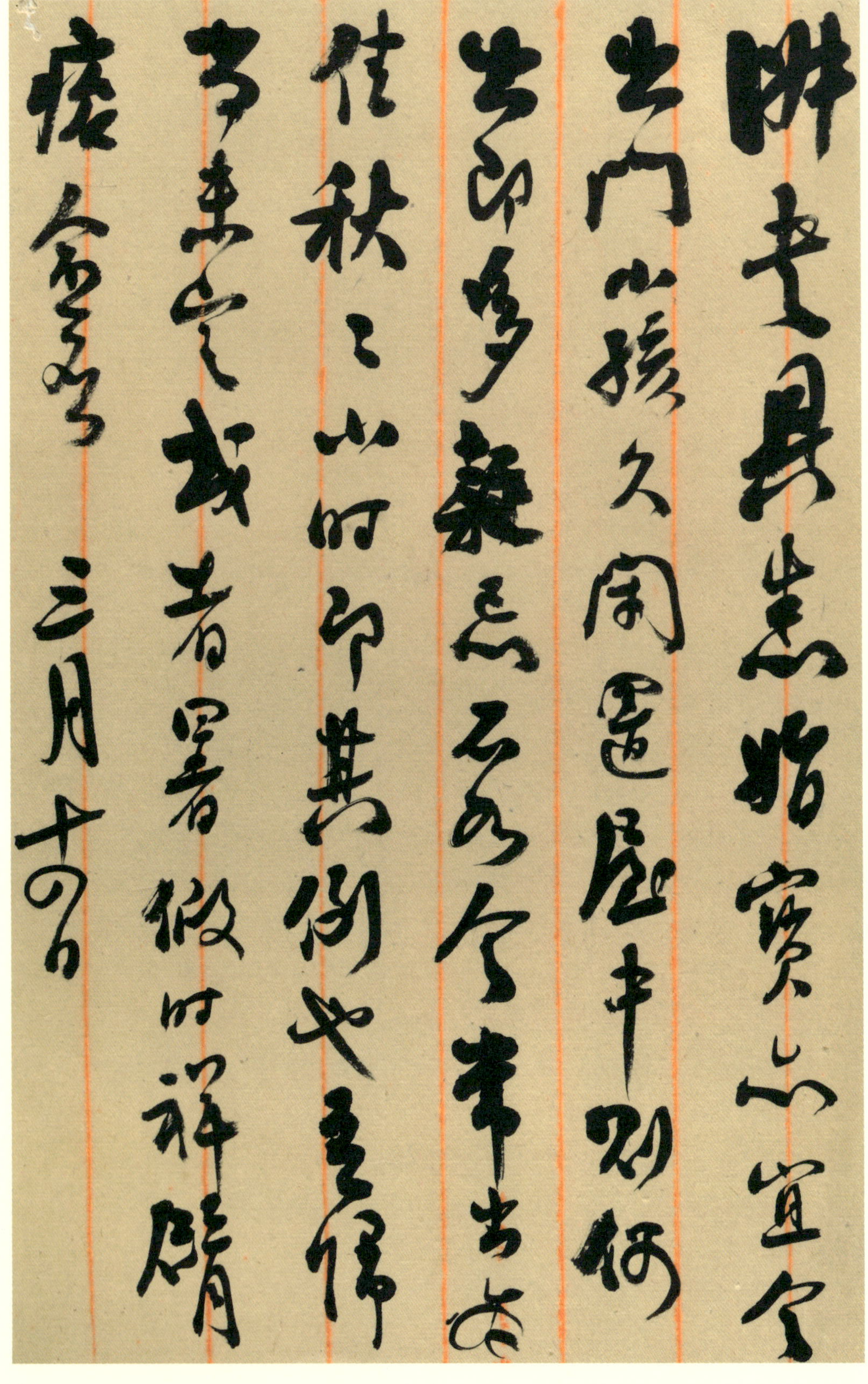

第二十二通　致譚淑書

淑書具悉。娟寶亦宜令出門，小孩久閉置屋中，則偶出即多疑忌，不如令常出爲佳，秋秋小時即其例也。吾歸尚未定，或者暑假時，祥臂瘡愈否？

三月十四日

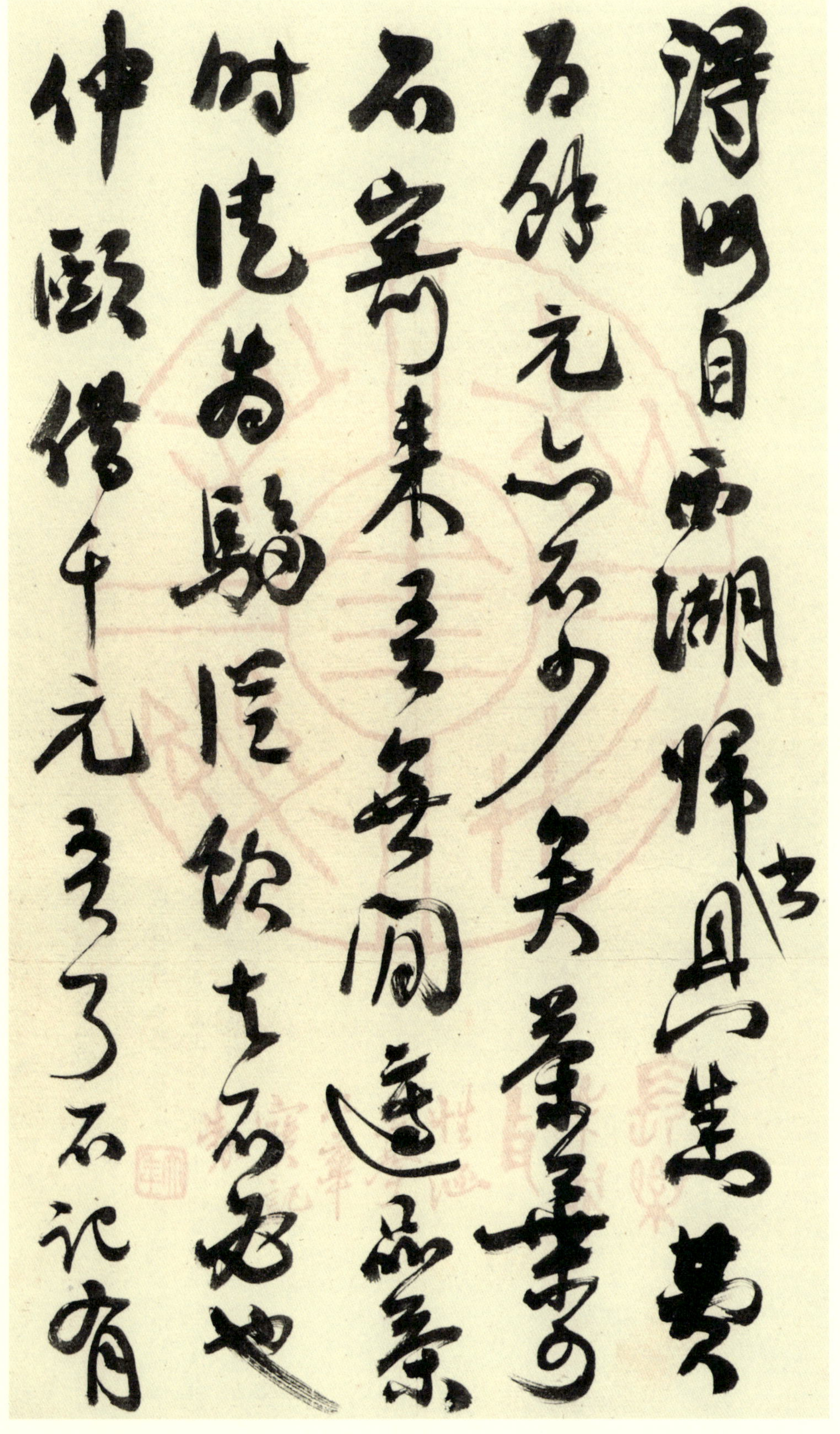

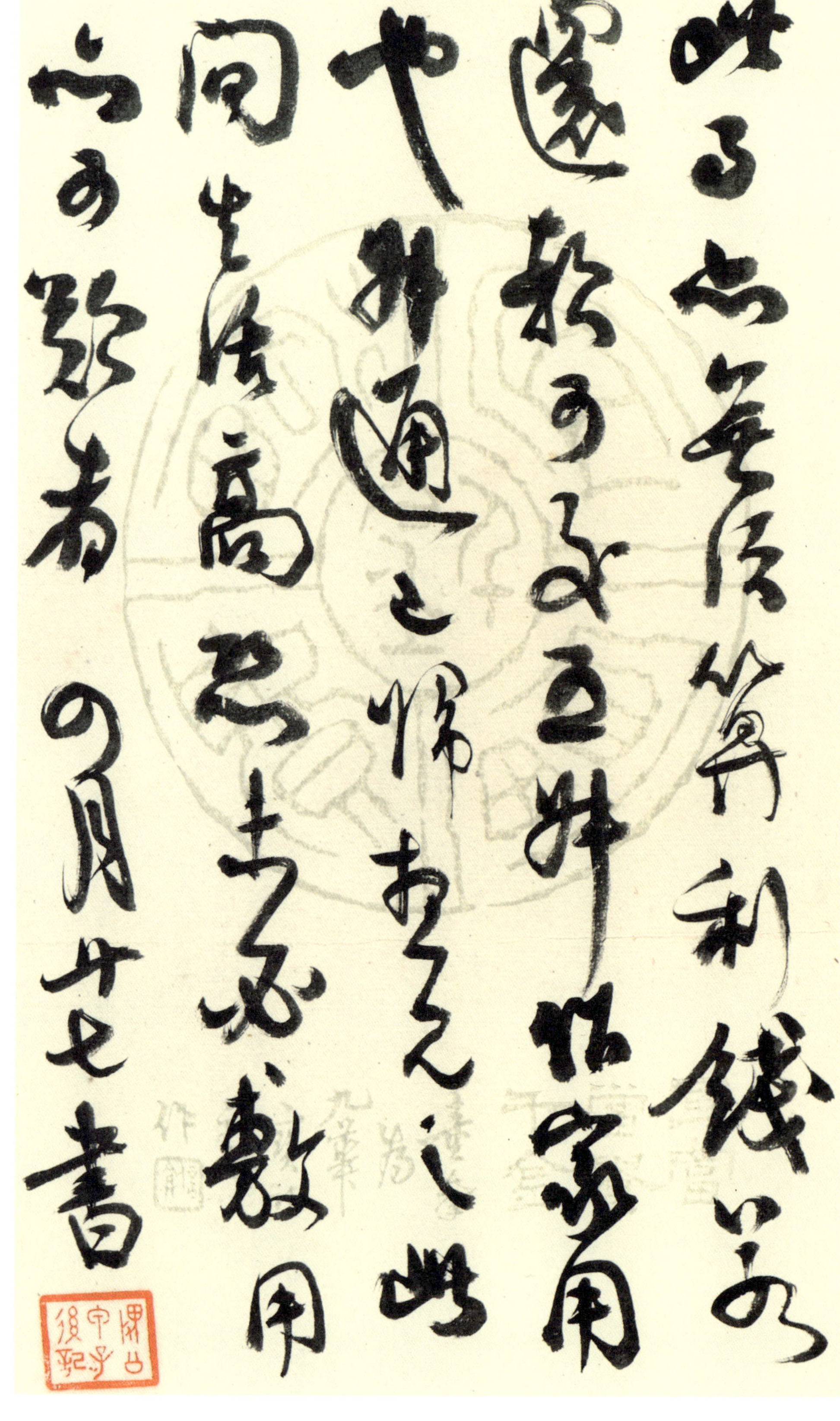

第二十三通　致譚淑書

得汝自西湖歸書，具悉。費百餘元亦不少矣。茶葉可不寄來，吾無閒適品茶，時徒爲騶從飲去，不必也。仲頤借千元，吾了不記有此事，亦無須算利錢，若還款，可交五叔作家用也。叔通[一]已歸，想見之。此間生活高，恐未必敷用，亦可嘆者。

四月廿七書

[一] 叔通，即陳敬第（一八七六—一九六六），字叔通，浙江杭州人。光緒二十九年（一九〇三）進士。近代政治活動家。著有《政治學》《百梅書屋詩存》等。

「壽如金石」

尺寸　8.23 厘米 × 2.8 厘米 × 8.6 厘米
材質　壽山石

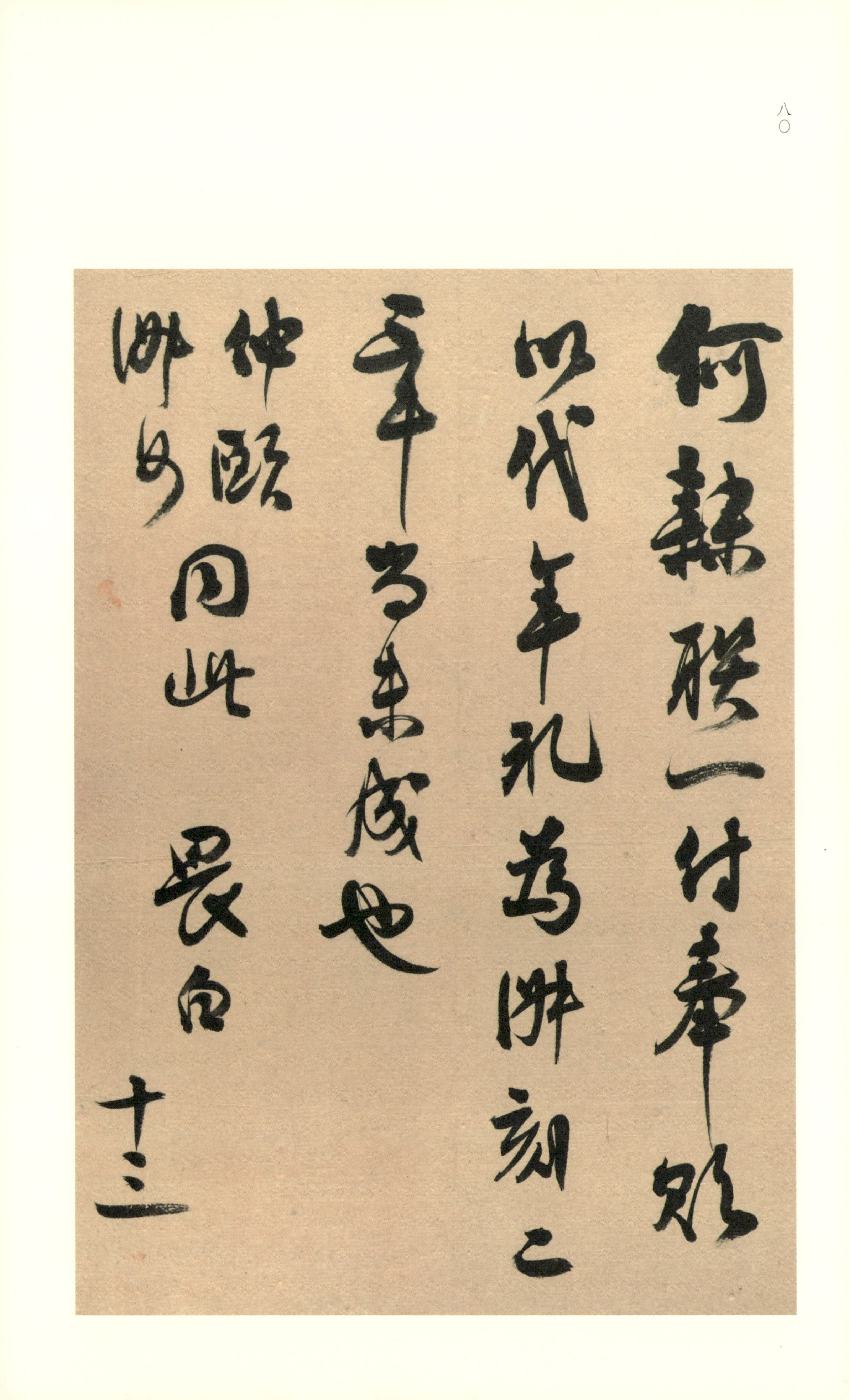

第二十四通 致袁思彥、譚淑書

何隸聯一付奉貽，以代年禮。爲淑刻二章，尚未成也。

仲頤、淑女同此

畏白 十三

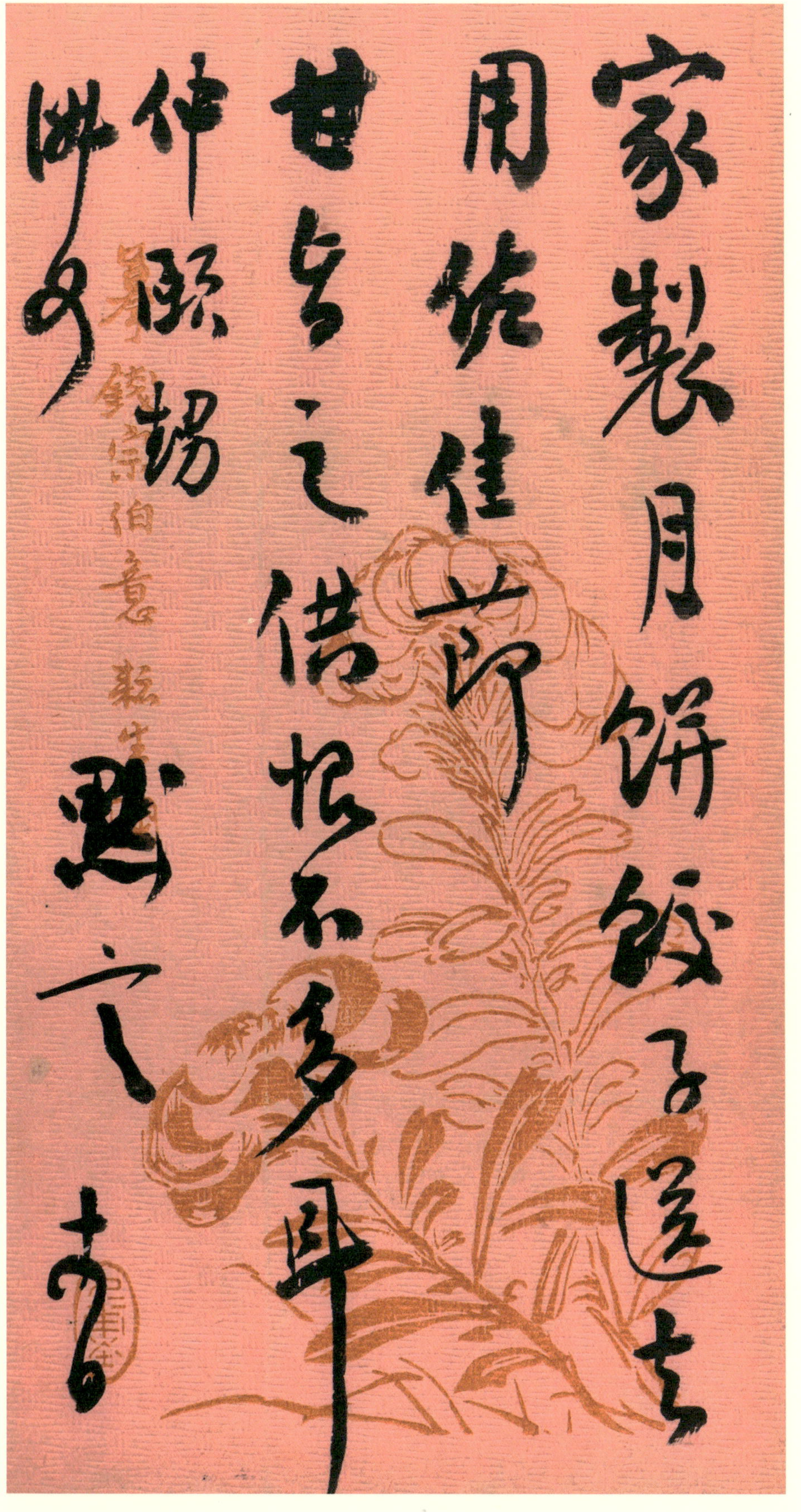

第二十五通　致袁思彥、譚淑書

家製月餅、餃子送去，用佐佳節甘旨之供，恨不多耳。

仲頤甥、淑女

默言　十四日

仲甫還我親筆之函
字与大史館學界大生
後實及原稿編法祥
者之又同也至李孟何來
舍且肖由他

五月九日寫
此時攝氏九十二度

第二十六通　致袁思彥書

仲頤還我款，即可逕寄與大生作學費，大生住處及滙寄辦法，祥知之，可問也。吾手足仍未愈，且自由他。

五月九日書

此時熱至九十二度。

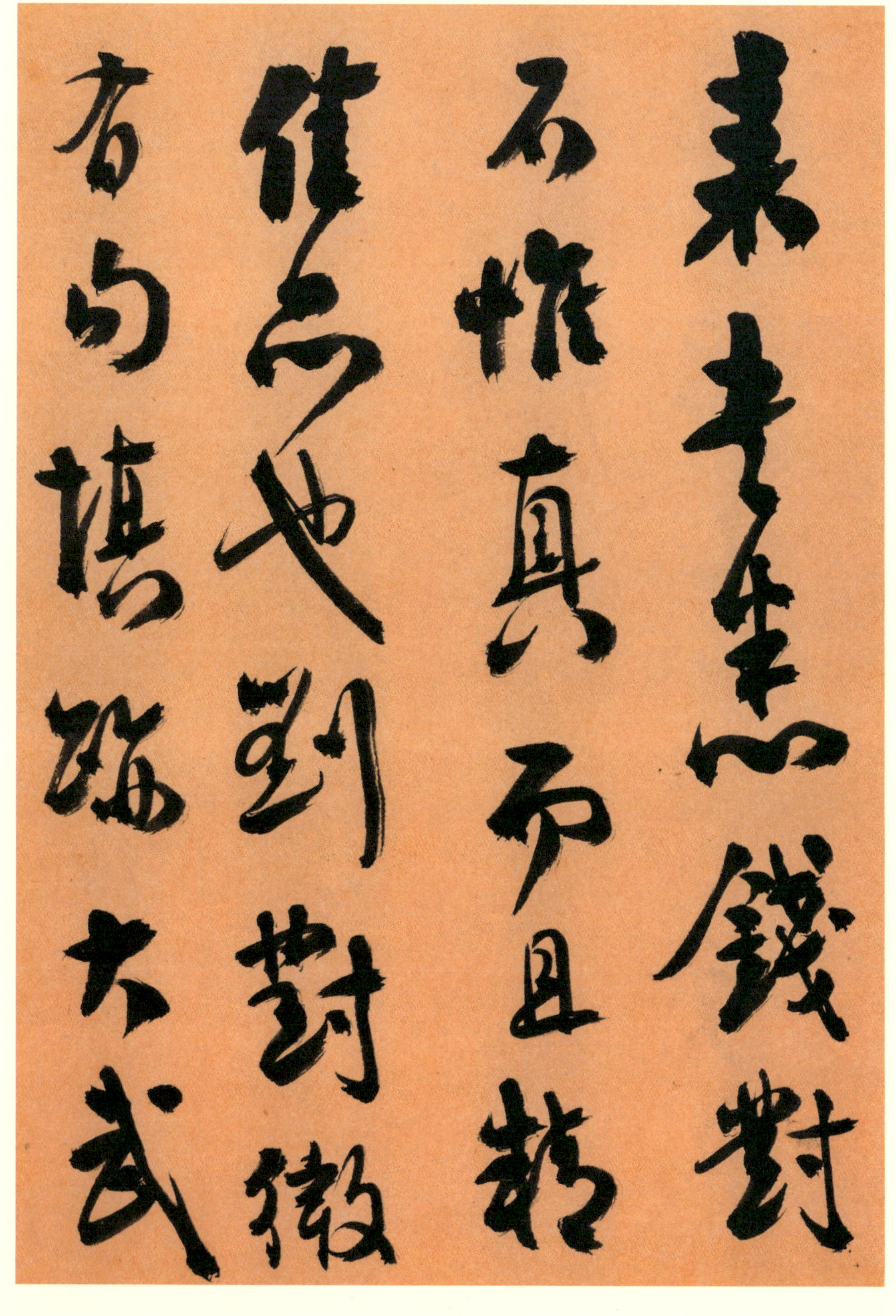

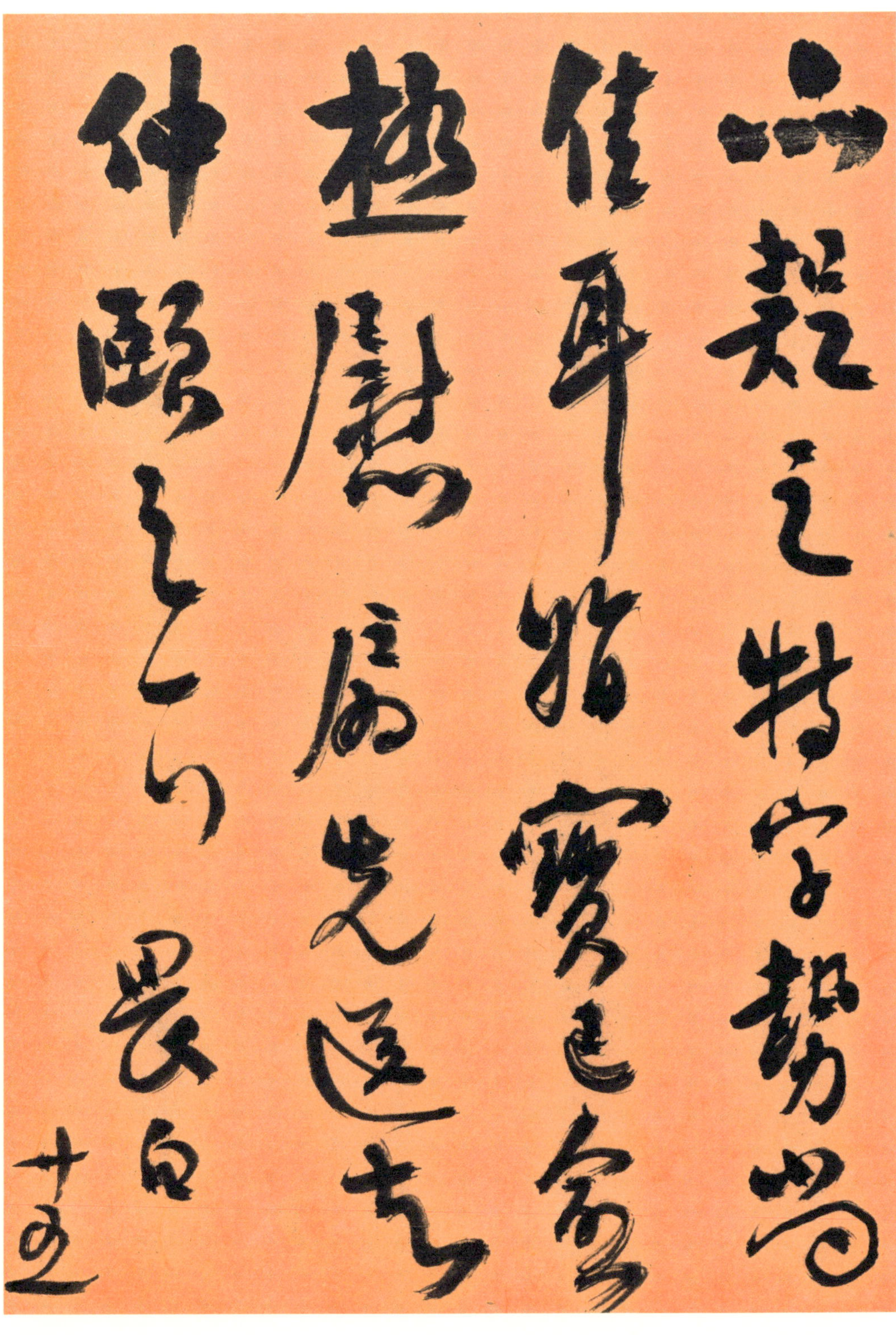

第二十七通　致袁思彥書

來書悉。錢[一]對不惟真而且精，佳品也；劉[二]對微有勾填跡，大武[三]亦疑之，特字勢尚佳耳。娟寶已愈，極慰。扇先送去。

仲頤足下

畏白　十五

[一] 錢，即錢灃（一七四〇—一七九五），字東注，號南園，雲南昆明人。乾隆三十六年（一七七一）進士，官至御史。清代著名書畫家。有《南園集》刊行。

[二] 劉，即劉墉（一七一九—一八〇四），字崇如，號石庵，祖籍安徽碭山。乾隆十六年（一七五一）進士。清代著名帖學大家，被世人稱爲「濃墨宰相」。

[三] 大武，即譚澤闓。

朱子常称陸放翁筆札精妙草書学張顛行書学楊風子証也

立夫先生正字　譚延闓

譚延闓行書條幅

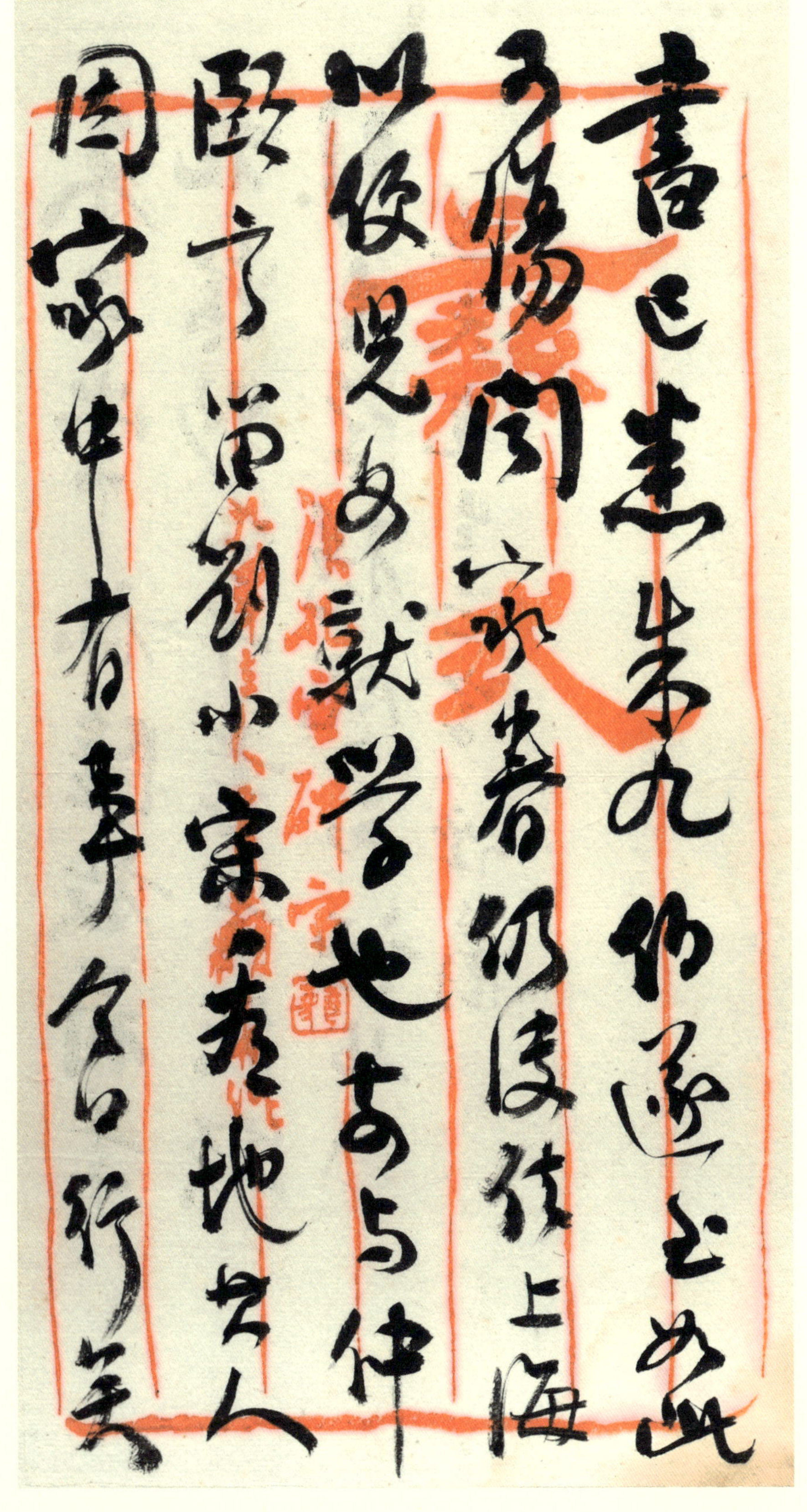

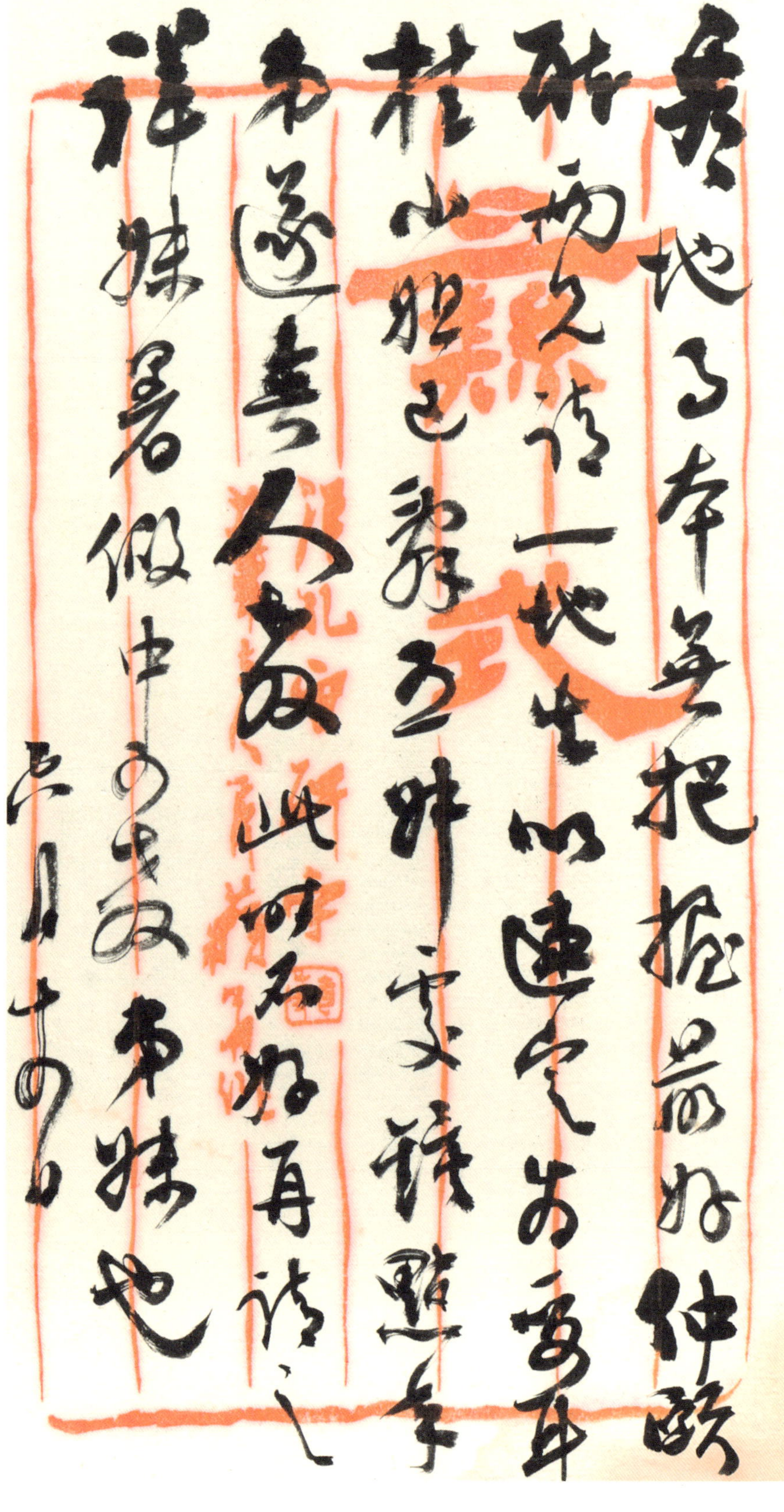

第二十八通　致譚淑書

書已悉。朱九伯遂至如此，可傷。聞家眷仍使住上海，以便兒女就學也。前與仲頤言，留劉小宋看地，其人因家中有事，今日行矣。看地事本無把握，最好仲頤聽兩兄，請一地生，以速定爲妥耳。桂小姐已辭五叔處鐘點，年弟遂無人教，此時不好再請之，祥妹暑假中可教弟妹也。

六月十四日

「故人恩誼重不忍更雙飛」　錢厓刻

尺寸　2.23 厘米 × 1.78 厘米 × 5.46 厘米

邊款　壬戌嘉平　瘦鐵刻

材質　壽山石

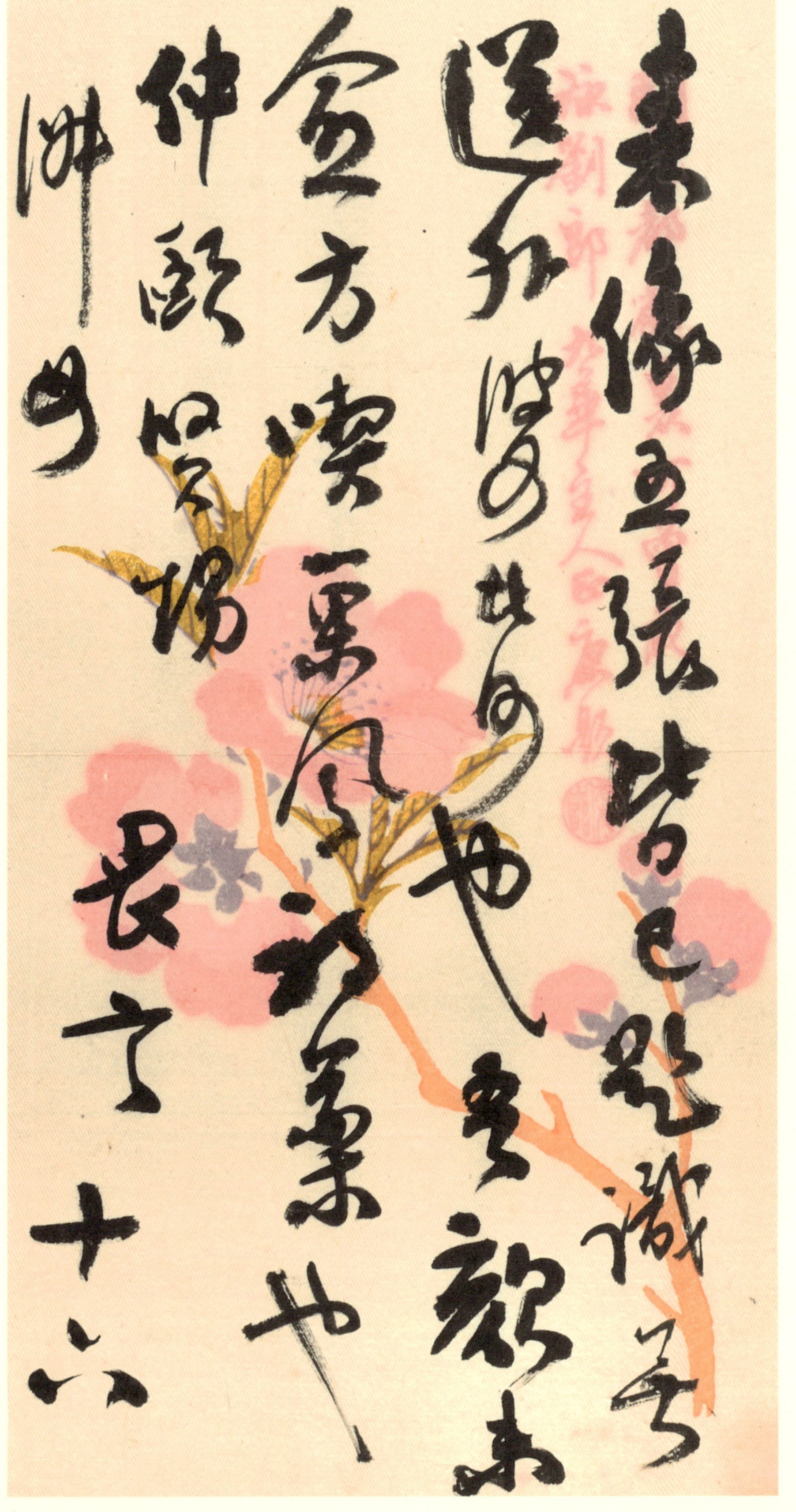

第二十九通　致袁思彦、譚淑書

來像五張，皆已題識，無送外婆者，何也？吾欬未愈，方喫巢鳳初[一]藥也。

仲頤賢甥、淑女

畏言　十六

[一] 巢鳳初（一八七四—一九四一），諱元瑞，原名吉孫，晚號祥翁，自稱覽輝老人，別署凌紫氛館。江蘇武進孟河人。名中醫巢崇山（一八四三—一九〇九）子。天資聰穎，幼受庭訓。一八九五年到上海，隨父侍診，數年之後盡得家傳。懸壺滬上後，應驗如神，聲名鵲起，門庭若市。行醫之餘，喜與書畫家、收藏家交往。收藏明清書畫、篆刻、古籍善本甚富。編有《巢鳳初醫案》。譚澤闓曾專門爲巢氏父子書藥方箋。

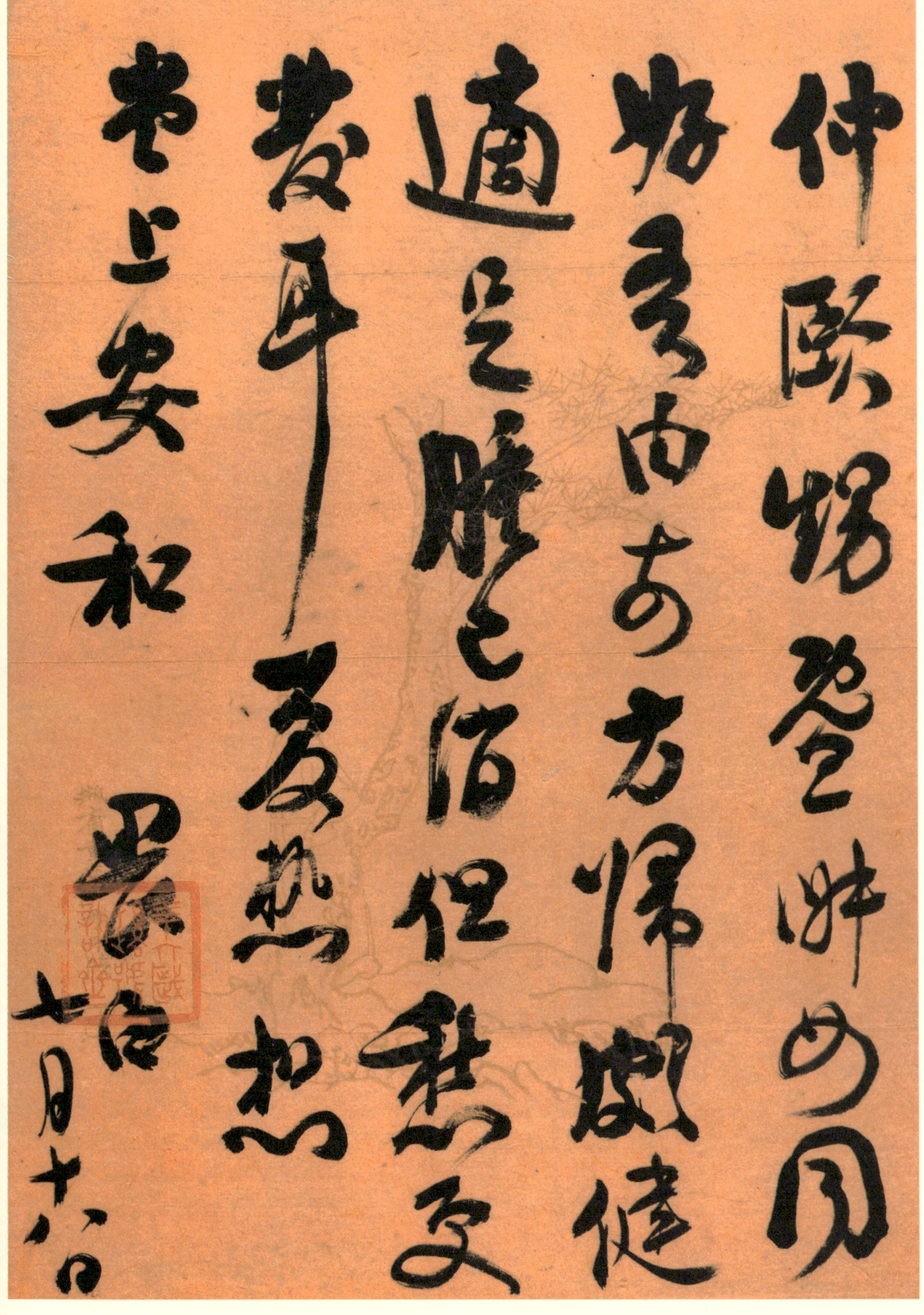

第三十通 致袁思彦、譚淑書

仲頤甥暨淑女同好：

吾由前方歸，頗健適，足腫已消，但愁更發耳。夏熱，想堂上安和。

畏白 七月十八日

第三十一通　致袁思彥書

紗線股大落，將有收場之議，不免喫虧（只有八折）。前云分與吾甥五十股，可取消矣。日內有所需，請甥還我數百元何如？

仲頤賢甥

畏白　廿日

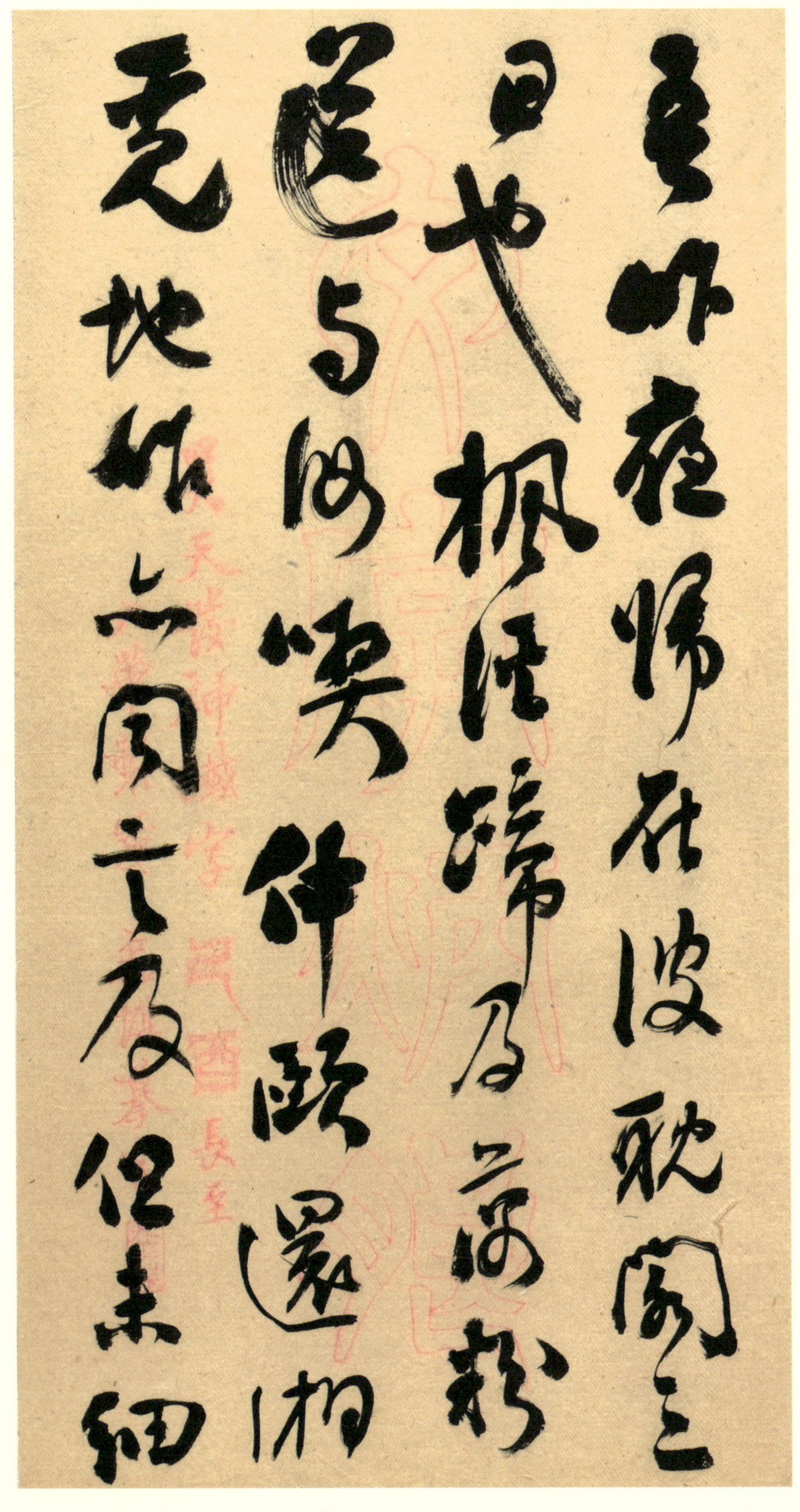

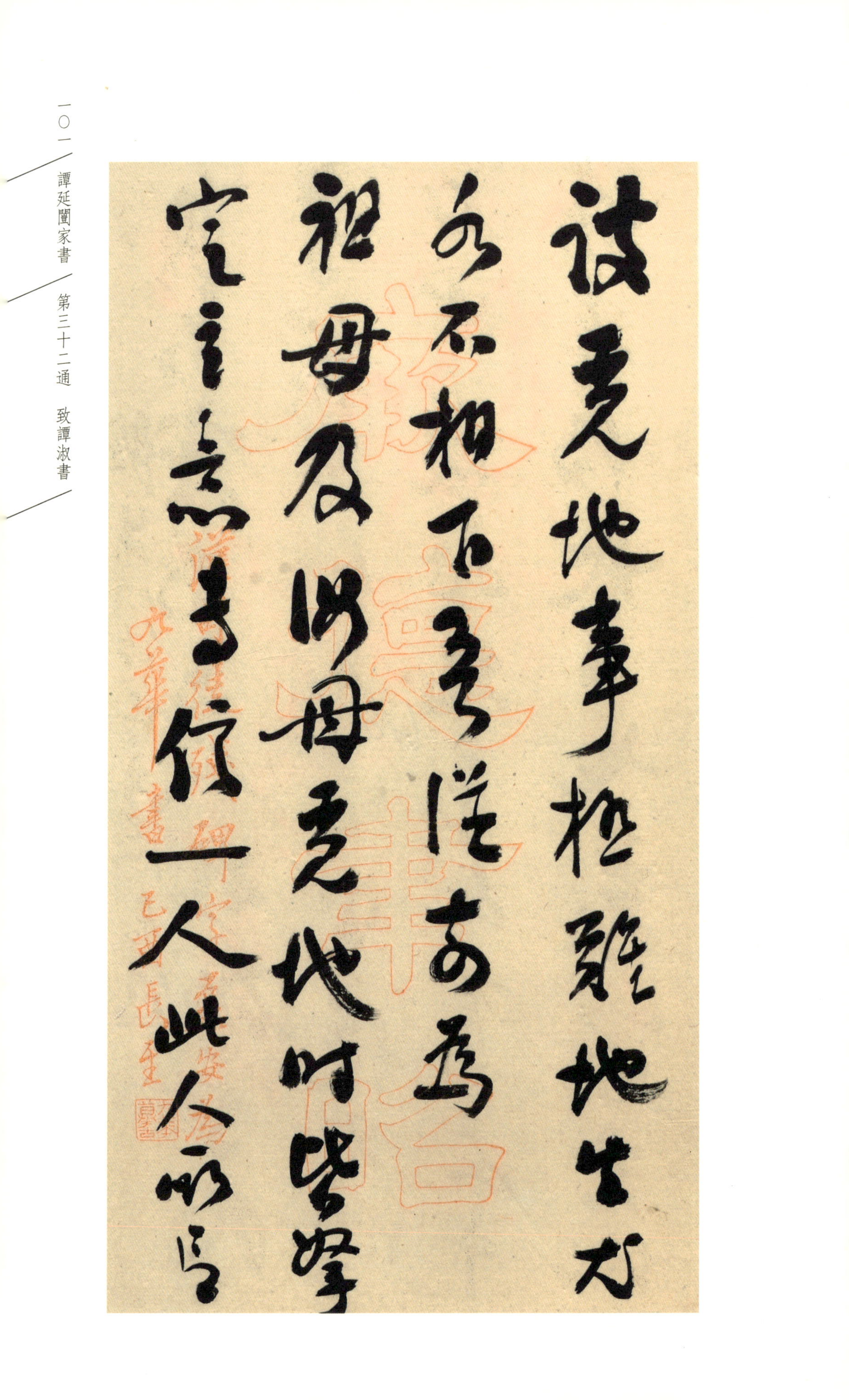

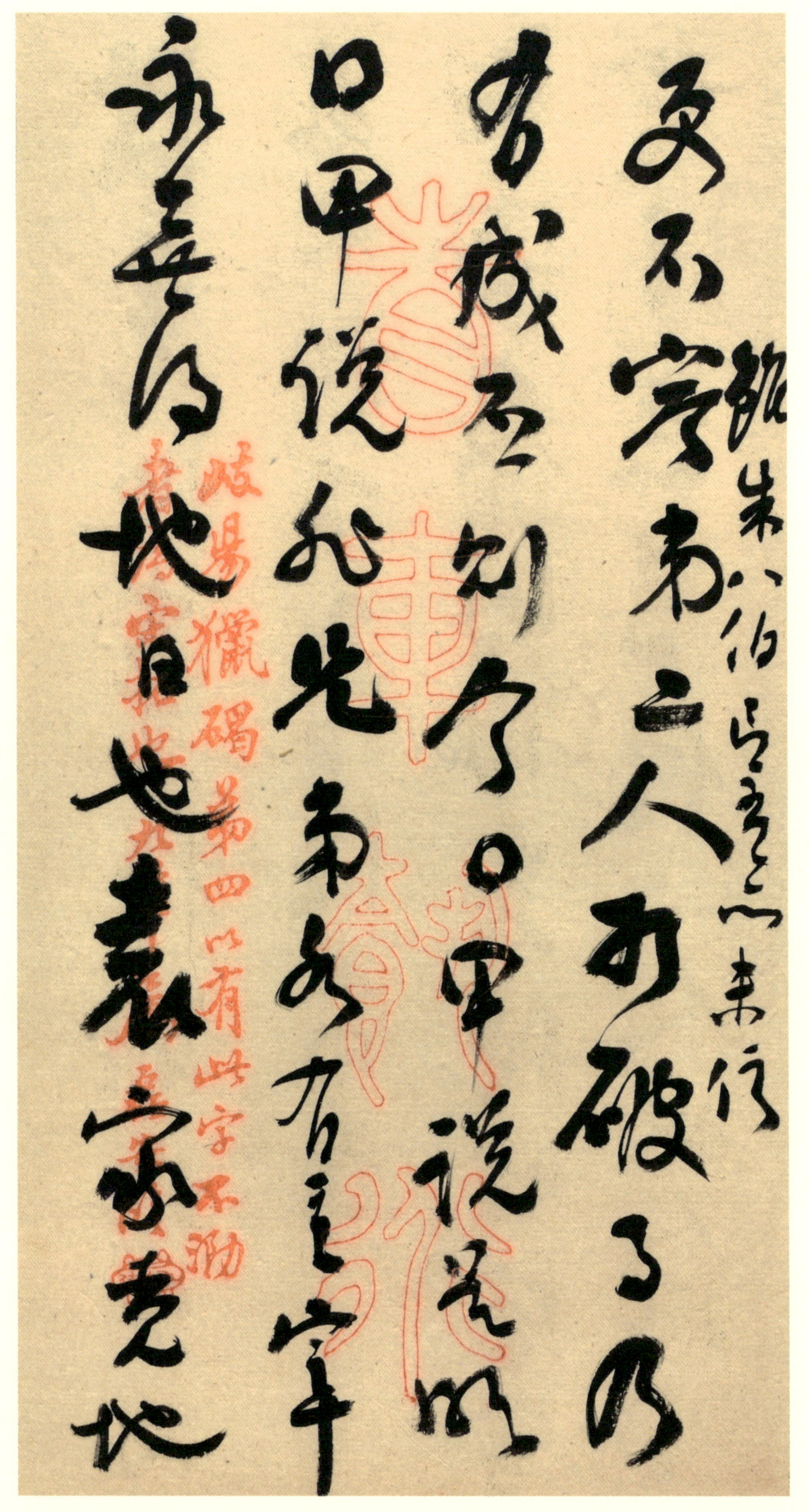

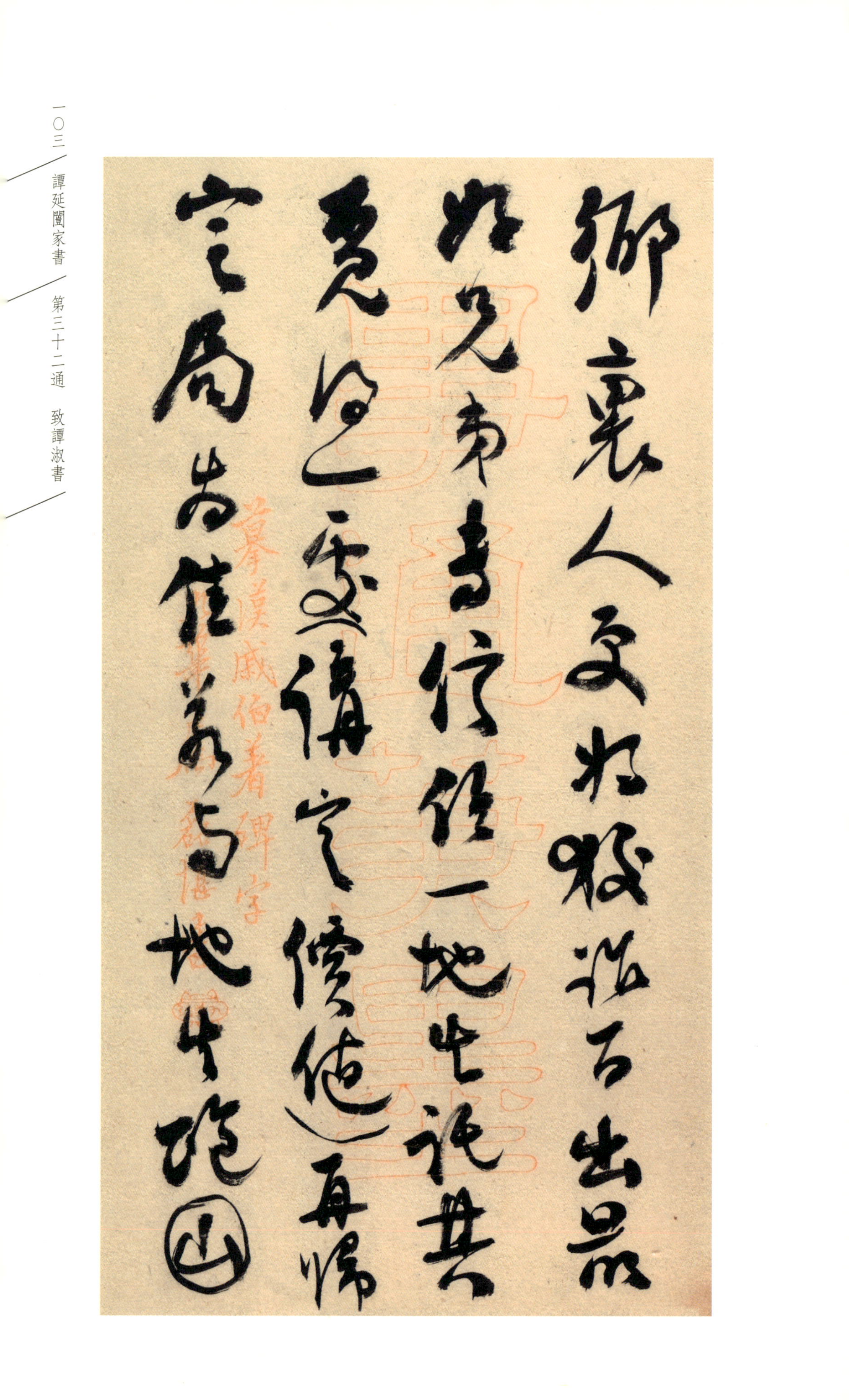

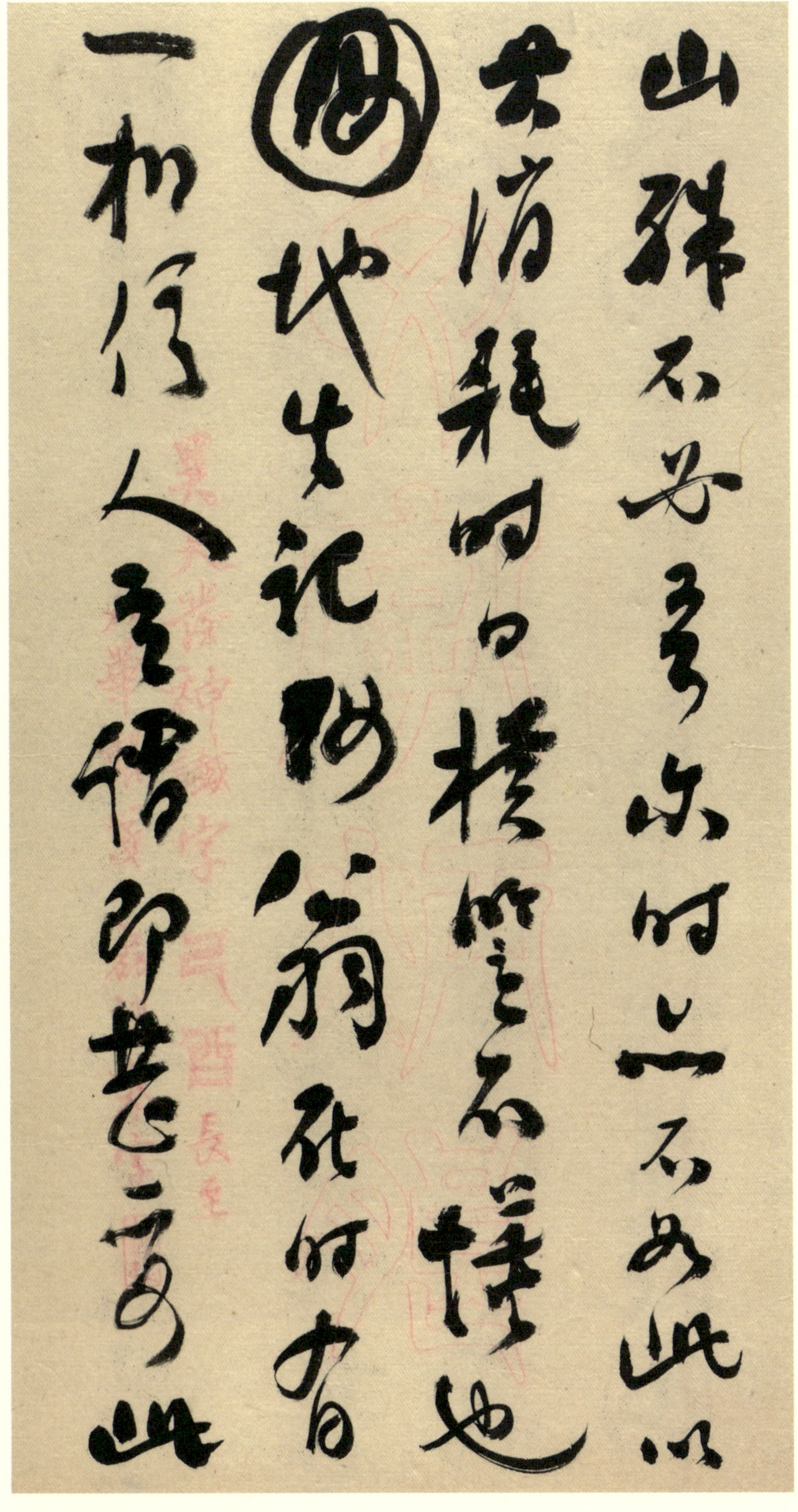

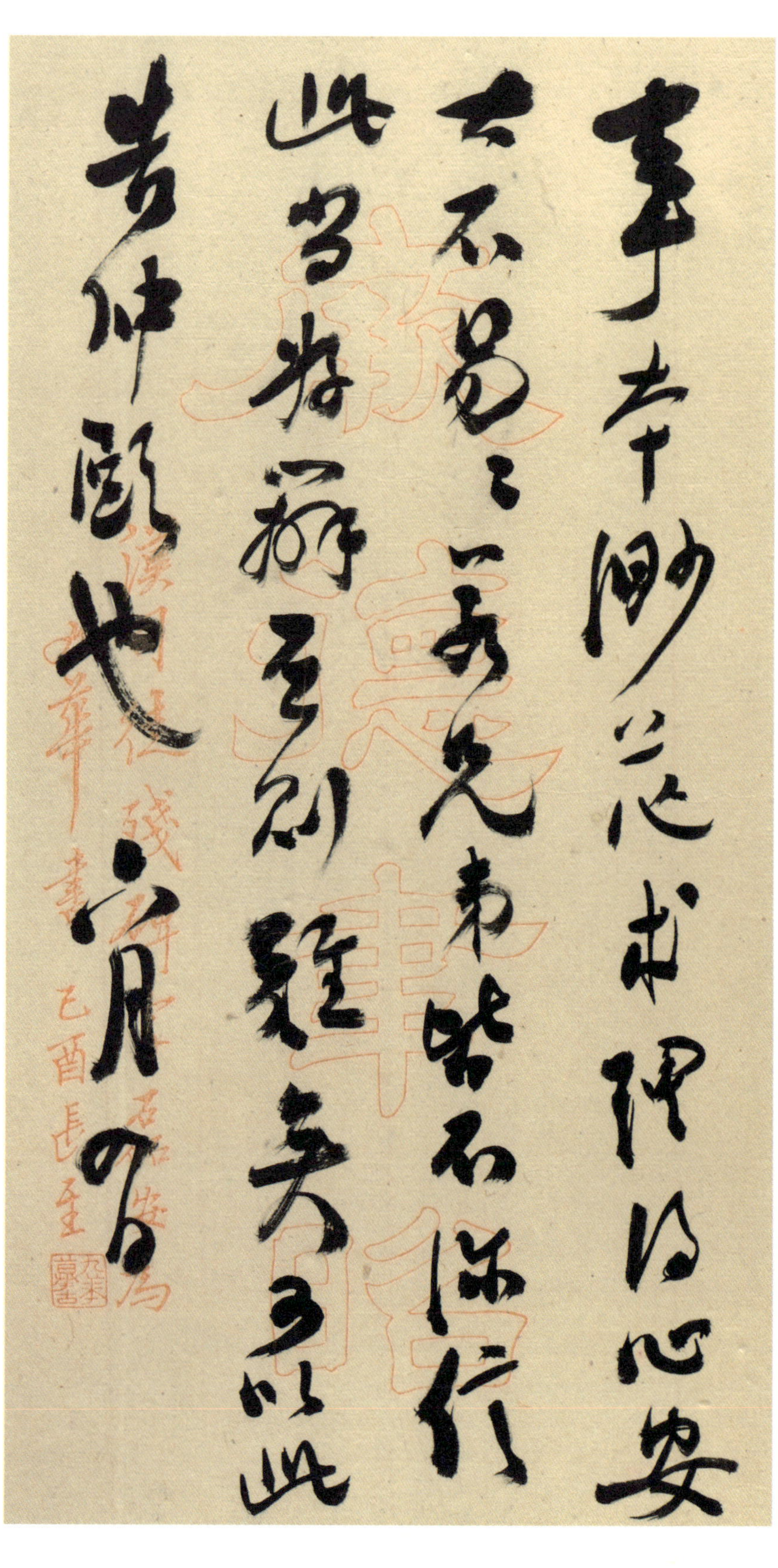

第三十二通　致譚淑書

吾昨夜歸，在彼耽閣三日也。楓涇蹄及藕粉送與汝喫。仲頤還湘覓地，昨亦同言及，但未細談。覓地事極難，地生尤各不相下，吾從前爲祖母及汝母覓地時，皆拏定主意專信一人，此人所言更不容第二人打破（雖朱八伯言吾亦未信），事乃有成。否則，今日甲説是，明日甲説非，兄弟各有主宰，永無得地日也。袁家覓地，鄉裏人更好狡詐百出，最好兄弟專信任一地生，託其覓得一處（講定價值），再歸定局爲佳。若與地生跑山，殊不必。吾爾時亦不如此，以其消耗時日，横竪不懂也。地生記汝翁在時有一相信人，吾謂即甚妥。此事本渺茫，求理得心安，大不易易。若兄弟皆不深信，此當好辦，否則難矣。可以此告仲頤也。

六月四日

「安復」 黎承禮刻

尺寸 2.54 厘米 × 1.24 厘米 × 6.65 厘米

邊款 仿韓仁銘碑蓋意 辛丑爲祖安作 鯨老人筆

材質 青田石

山東肥城桃子遂至十
枚源發風凉變僇其
黎烔のみ色也妨寶
傷以治鸞為雩内鬐
亦神而為恨也

芸

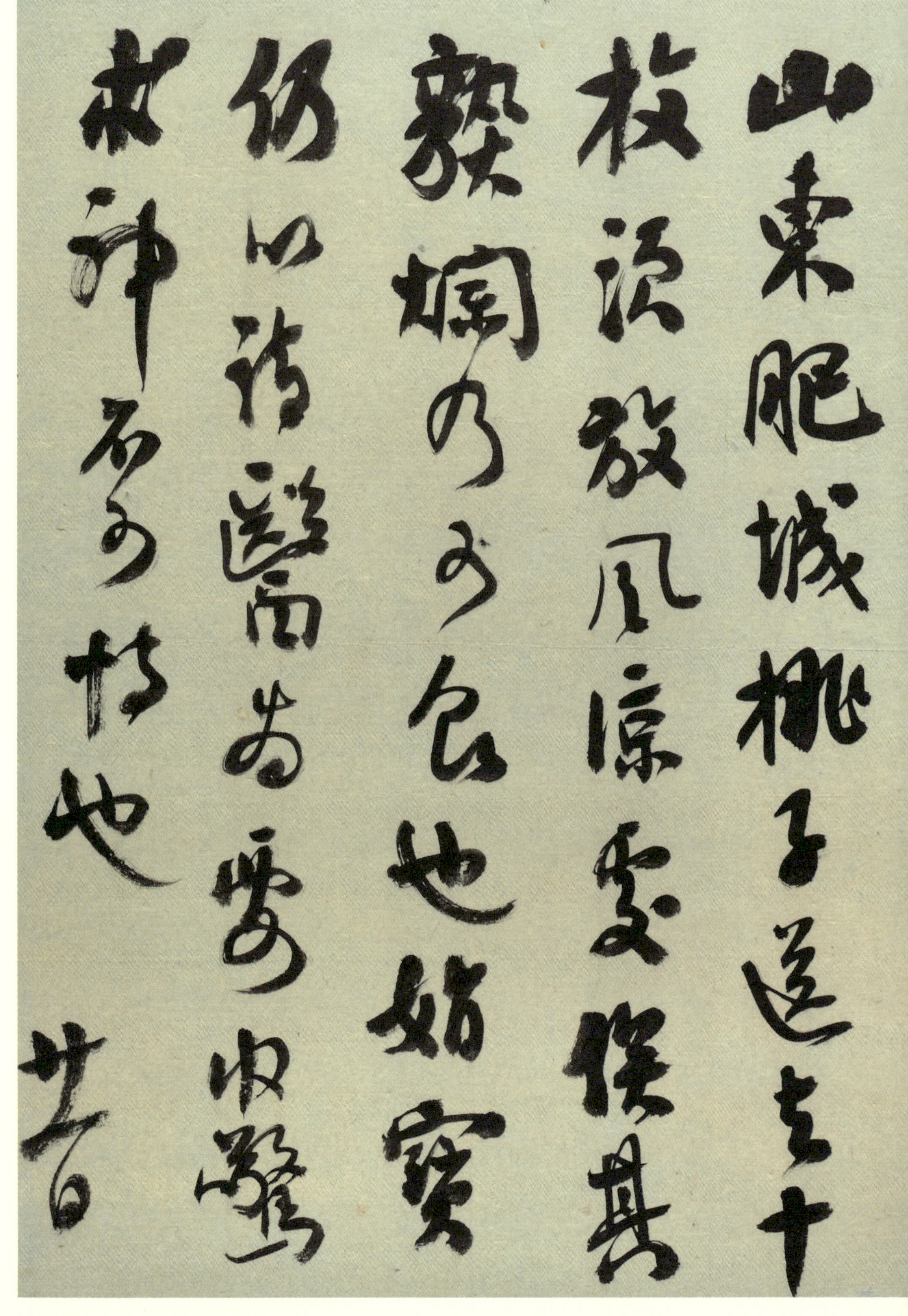

第三十三通　致譚淑書

山東肥城桃子送去十枚，須放風凉處，俟其熟爛乃可食也。娟寶仍以請醫爲要，收驚求神不可恃也。

廿一日

仲歐書與之甚多，今已
念發來甚長，尤如婆娑，往
詩江齋帰送之也。精舍經
以詩乳母帖並小兒墓銘，謂服
補集與不可得也。廿八日

第三十四通　致譚淑書

仲頤來，得書具悉。吾今已愈，然未甚复元。如外婆往清江，當歸送之也。娟寶總以請乳母爲亟，小兒無所謂服補藥，萬不可信也。

廿八日

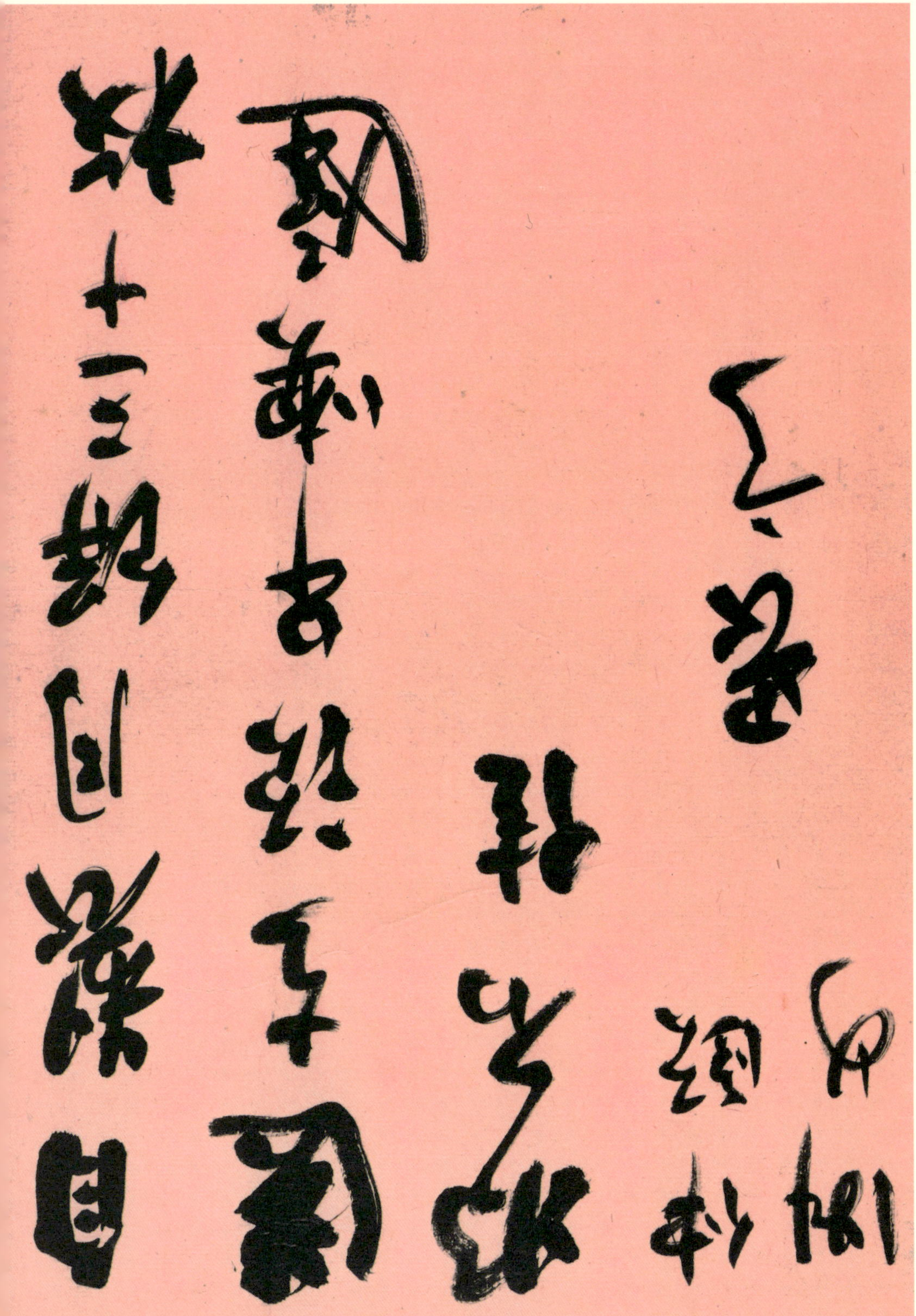

第三十五通　致袁思彦、譚淑書

自製月餅三十枚送去，須早喫，遲將不佳。

仲頤、淑女

畏言

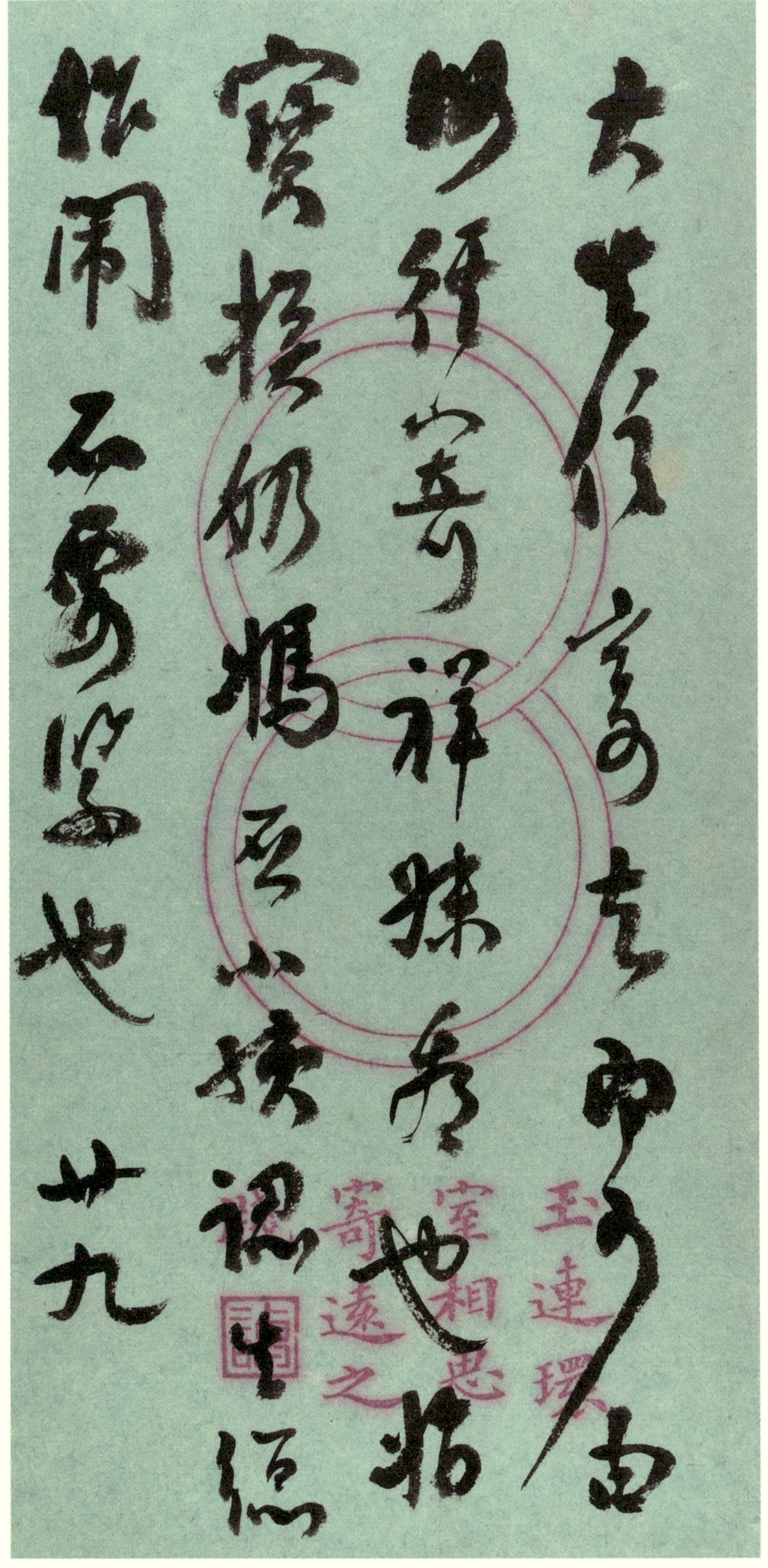

第三十六通 致譚淑書

大生信寄去即可，由汝徑寄祥妹看也。娟寶換奶媽否？小孩認生總作鬧，不要緊也。

廿九

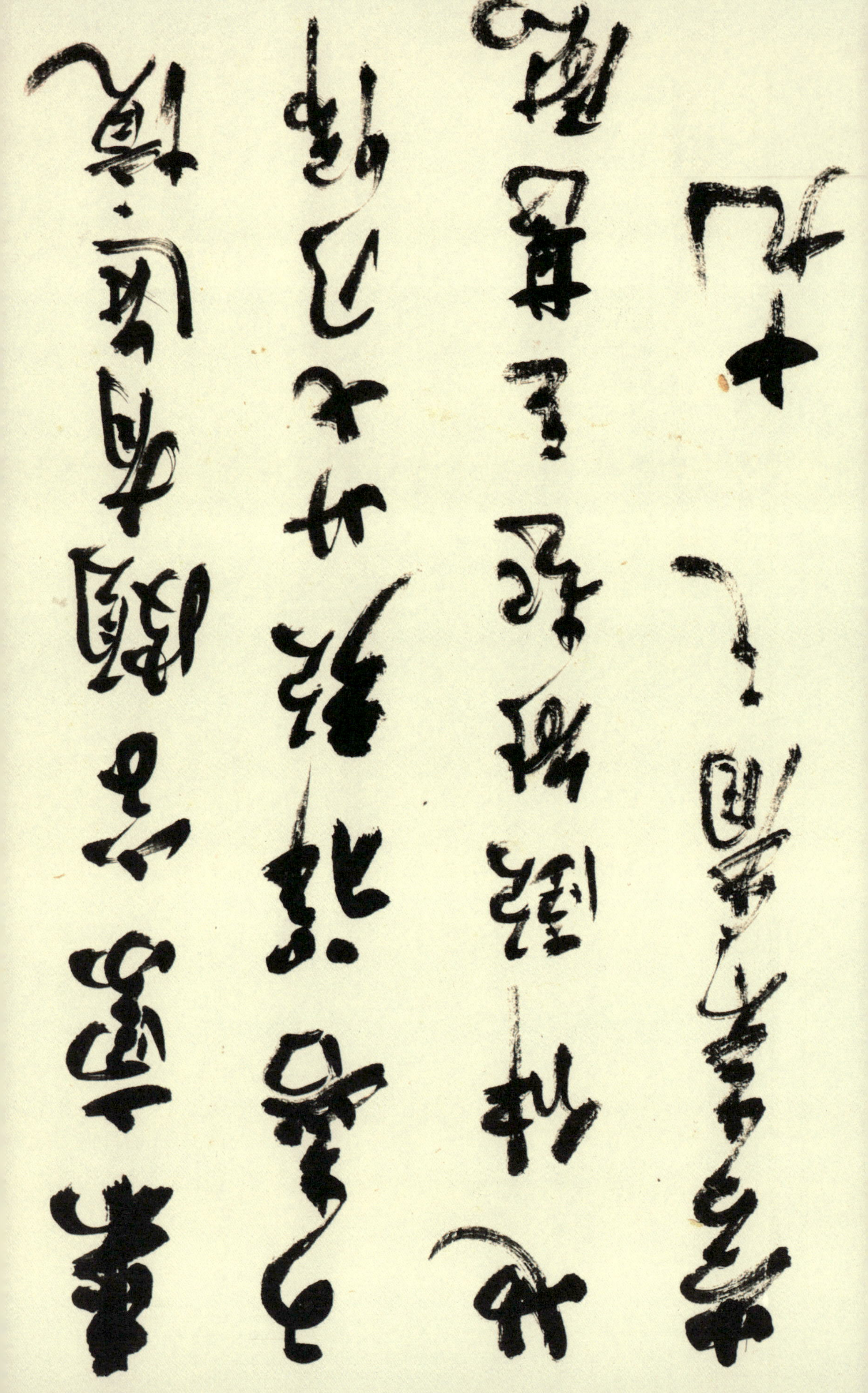

第三十七通　致譚淑書

來禀字頗有進境，可喜。祥須廿七乃歸也。仲頤能起立，甚慰，當來看之。

十九

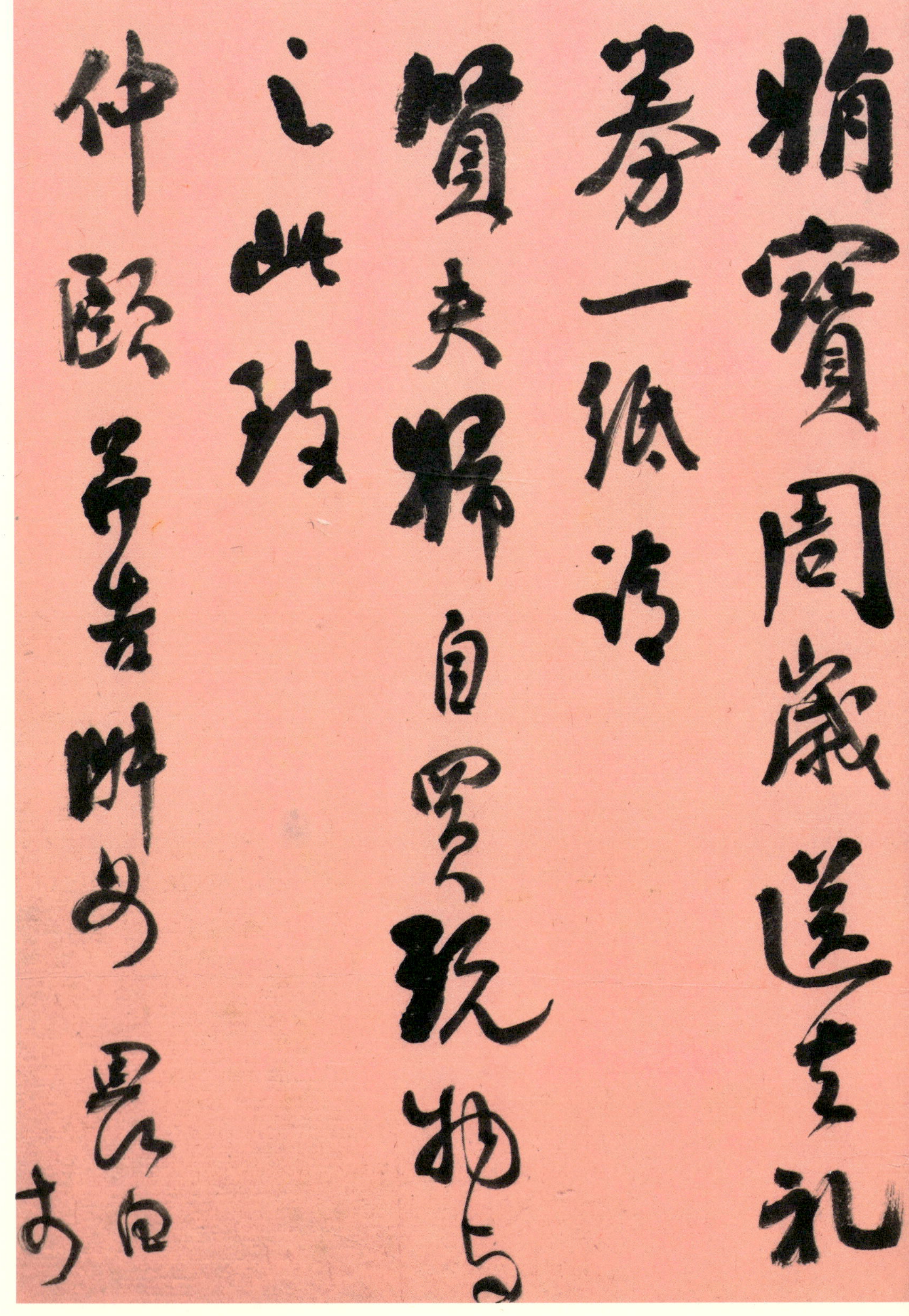

第三十八通　致袁思彦、譚淑書

娟寶周歲，送去禮券一紙，請賢夫婦自買玩物與之。此致

仲頤並告淑女

畏白　十四

多借以石及拜衣友将
致意令兄并祝
堂上年禧也家姪诸小儿
如欲购时归一简祝岁禧

第三十九通　致袁思彦書

匆促行，不及辭親友，請致意令兄，並祝堂上年福也。家惟諸小兒女，欲淑時歸，一省視教督之。正月半前無事日，一歸亦可，汽車來往甚易，吾車可電呼也，此致

仲頤吾甥

畏白

無事可常通信。

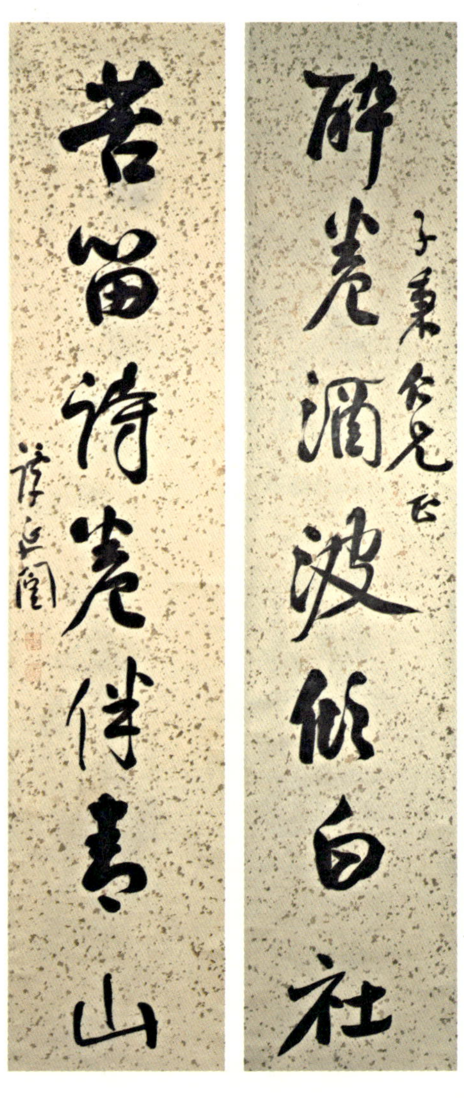

譚延闓行書七言聯

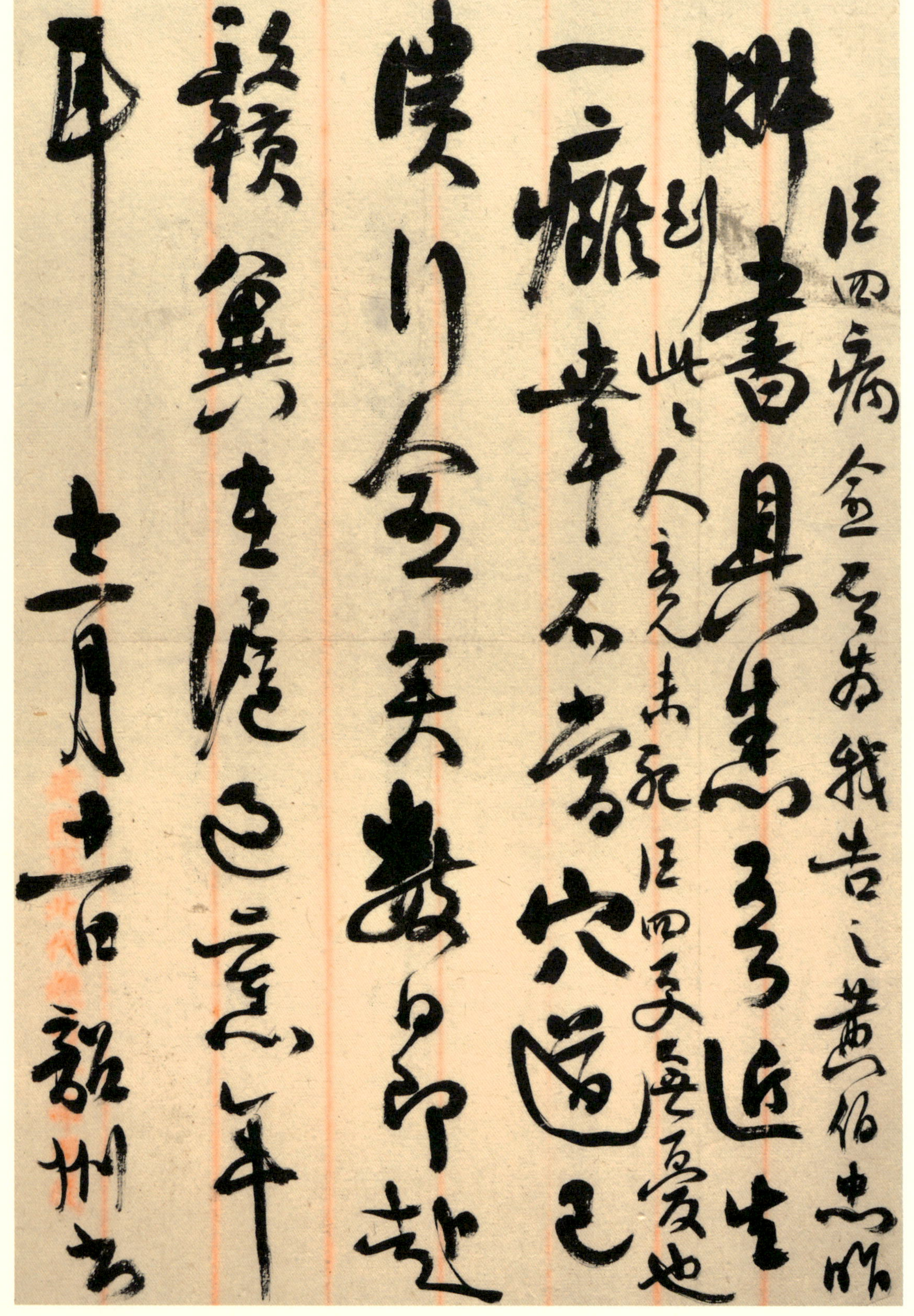

第四十通 致袁思彥書

淑：

書具悉。吾近生一癰，幸不當穴道，已潰，行愈矣。數日即赴贛，冀在滬過舊年耳。（汪四病愈否？爲我告之。黃伯忠昨到此，此人竟未死，汪四更無憂也。）

十二月十一日韶州書

大本營秘書處用牋

聞祥秋翊[illegible]今日十四年
元旦冒雨至潮州度過[illegible]
此[illegible]時[illegible][illegible]如何也[illegible]
舊歷元旦與[illegible]業於[illegible]
年終不一上[illegible]

仲愷 [illegible]

中華民國十四年十月一日[illegible]

第四十一通 致譚淑、譚祥、譚秋、譚韻書

淑、祥、秋、韻覽：

今日十四年元日，吾乃在贛州度過。知汝等皆在家，相念也。冀舊曆元旦與汝輩相見耳。餘不一一。及

仲頤吾甥

中華民國十四年一月一日第一書

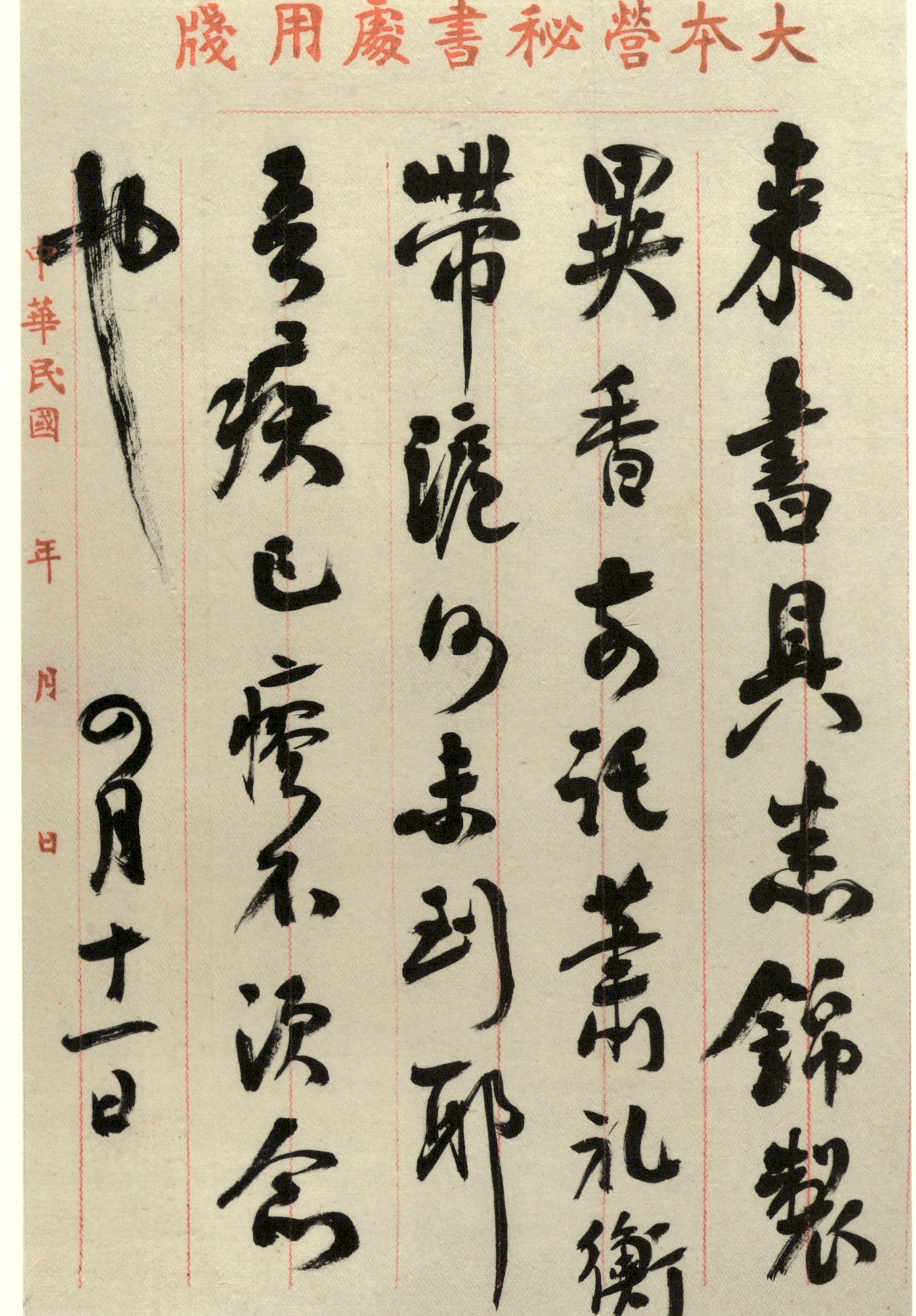

大本營秘書處用牋

來書具悉錦製異香每張薰衣衛帶號何其烈耶妻病已瘥懷不須念也

四月十一日

中華民國　年　月　日

第四十二通　致譚淑書

來書具悉。錦製異香，前託蕭禮衡帶滬，何未到耶？吾疾已瘳，不須念也。

四月十一日

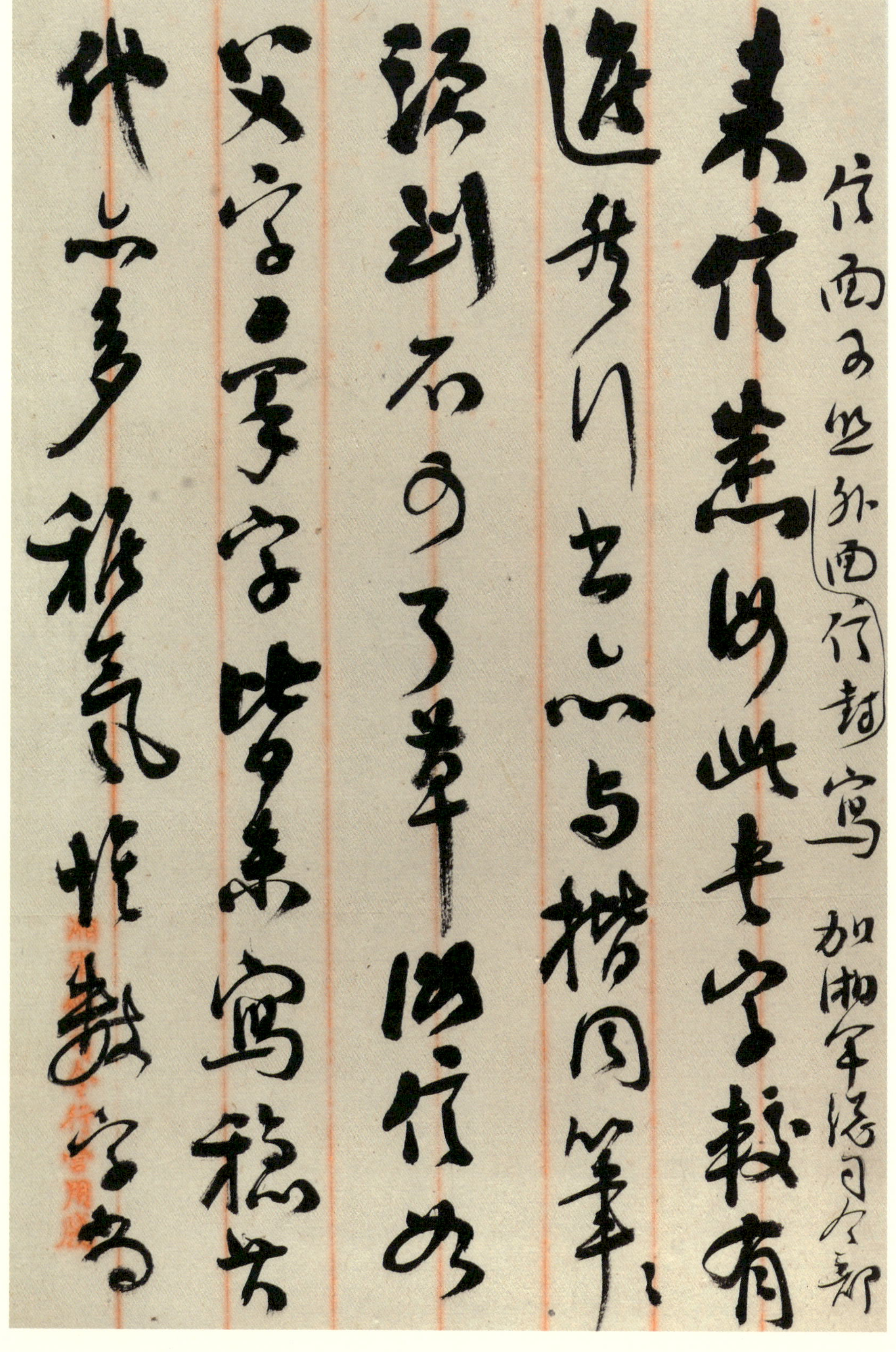

佳耳。宜多臨寫如顏之《爭坐位稿》、錢之《和孔毅父詩》之類，各有異也。我有兩以翁手札一冊覆刻之閣本，花三角大洋，寄內子處用。

一月十二夜三鼓

第四十三通　致譚淑書

來信悉（信面可照信封外面寫，加湘軍總司令部）。汝此書字較有進，然行書亦與楷同，筆筆須到，不可了草。汝信如「父」字、「禀」字皆未寫穩，其他亦多稚氣，惟數字尚佳耳。宜多臨寫如顔[一]書《坐位稿》、錢書和孔毅父[二]詩之類（翁[三]手札亦可），久必有異也。我有兩頭刻之圖章，在三角書桌屜内，可取用。

一月十二夜三鼓

[一]顔，即顔真卿（七〇九—七八五），字清臣。京兆萬年（今陝西西安）人，祖籍琅玡臨沂（今山東臨沂）。唐玄宗開元二十二年（七三四）進士。历任平原太守、憲部尚書、吏部尚書、太子太師，封魯郡公，故又有「顔平原」「顔魯公」之稱。其書法饱满充盈，樸拙雄渾，颇具盛唐气象，世稱「顔體」。《争座位稿》是其行書代表作之一，與王羲之《蘭亭序》有「雙璧」之譽。

[二]孔毅父（一〇四四—一一一二），名平仲，江西峡江縣人。北宋治平二年（一〇六五）進士。歷任太常博士、秘書閣校理、朝奉大夫等。長於史學，工文詞。著有《珩璜新論》《續世説》《孔氏談苑》《朝散集》等。

[三]翁，即翁同龢（一八三〇—一九〇四），字叔平，號松禪，晚號瓶庵居士。江蘇常熟人。咸豐六年（一八五六）狀元。晚清著名政治家、書畫家。

有二焉有清節
家有法家有術
家有國體有器

能有臧否有伎
倆有智意有儒
學有文章有口

伸頭冬暢得長與盡
西湖之游嘗欠閑正翁老兄
念我不忘我在此殊悶遍
也山府經行之地最來別有
風味近來紙烟已戒絕

訥訥不欲，友人有識陳勸
蘭地險者何一破裁，但不至
雜耳。粵中寡構不少，昨
有[illegible]仟令回，又恐未夾能遠
且兵事非戰技所能辦

已達了報紙想早詳不
復述矣猶賓已就走殊急
之事後何以
侍福叔祉綿長不及先即
以此示之也 嚴白 四月十九日

第四十四通　致袁思彥書

仲頤吾甥：

得書具悉。西湖之游，當見閑止翁，知必念我，不知我在此殊閒適也。小時經行之地，重來別有風味。近來紙煙已戒絶，酒亦不飲，友人有藏陳勃蘭地酒者，偶一破戒，但不至醉耳。粤中寒燠不時，昨尚揮汗，今日又衣夾衣。連日兵事，作戰於近郊，幸已速了。報紙想早詳，不復述矣。娟寶已能走，殊念之。手復，即頌侍福凡祉。淑書不更答，即以此示之也。

畏白　四月十九日

淵作其累後頗牙痛

又為醫生拔去二齒口中

遂零落過年來今方

議鑲補也蓋在此地等

所以君擬鄉輝甚念又乃一

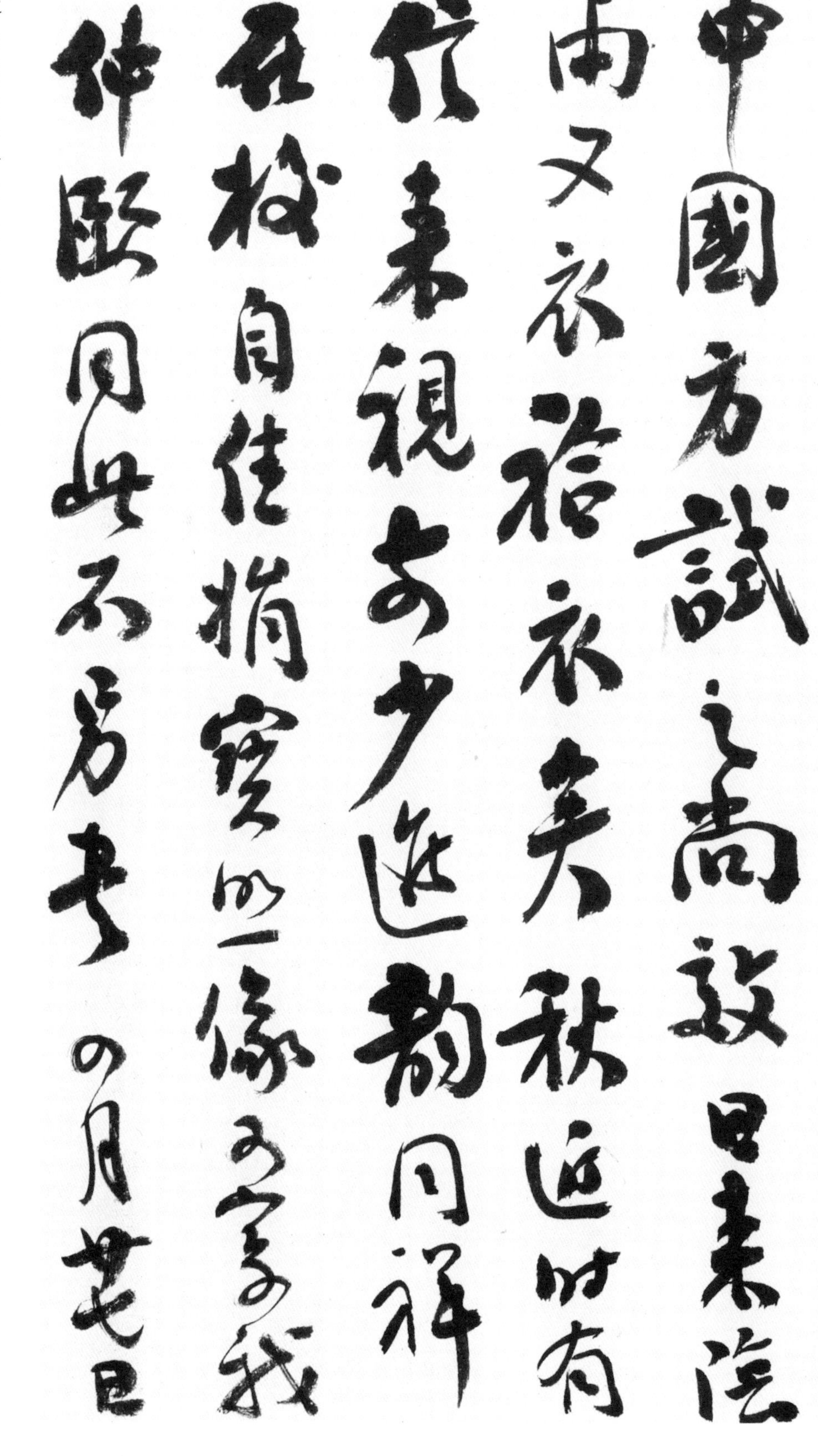

第四十五通　致袁思彦書

淑：

信具悉。吾昨以牙痛，又爲醫生拔去二齒，口中遂零落過半矣，今方議鑲補也。吾在此，他無所苦，惟脚蚌甚，今又得一中國方，試之尚效。日來陰雨，又衣袷衣矣。秋近時有信來，視前少進。韻同祥在校自佳。娟寶照像可寄我。仲頤同此，不另書。

四月廿七日

「譚延闓長壽年樂無極」　丁可鈞刻

尺寸　2.5 厘米 × 2.41 厘米 × 7.96 厘米

邊款　仿秦人九字印　石壕

材質　鷄血石

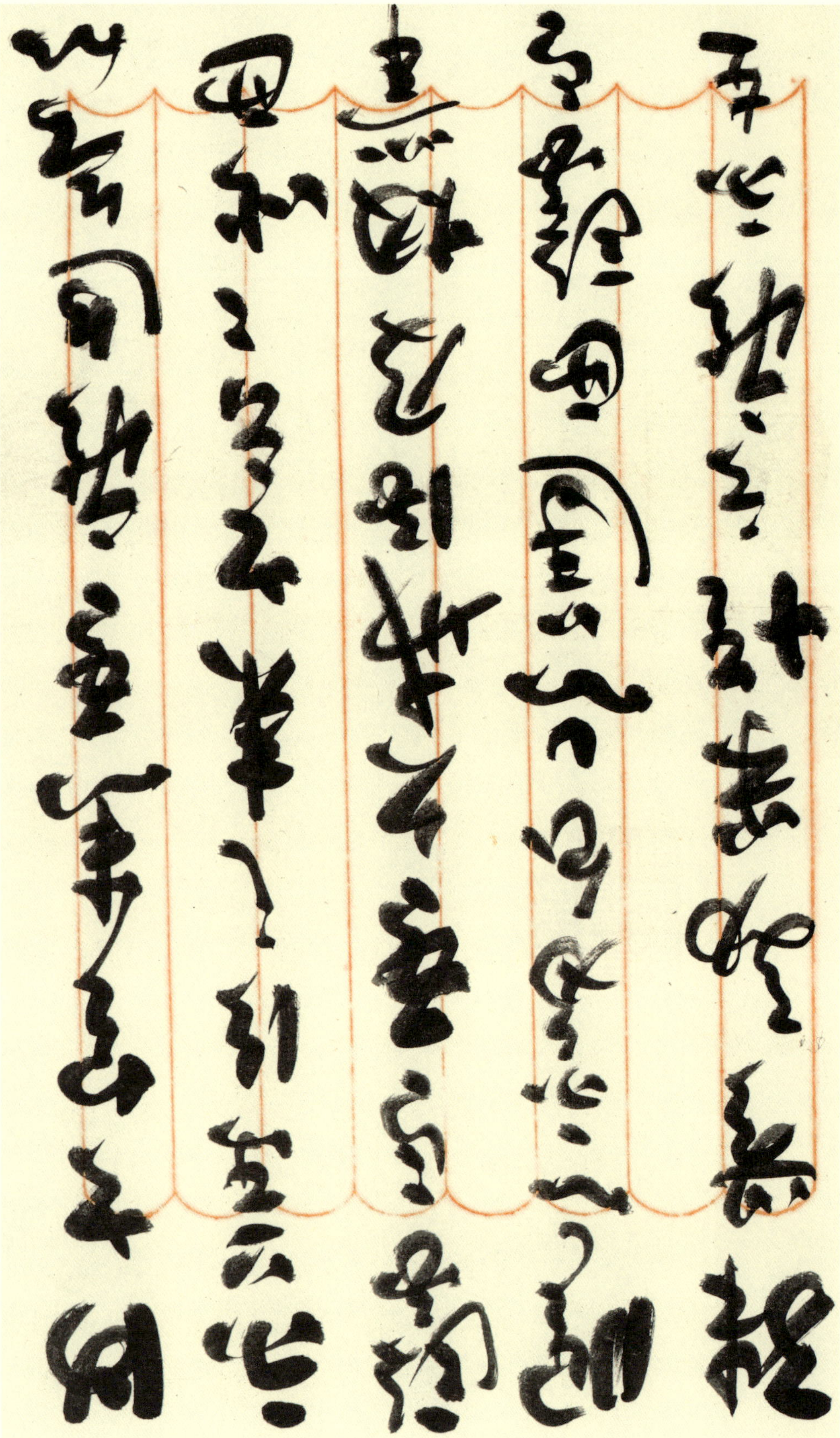

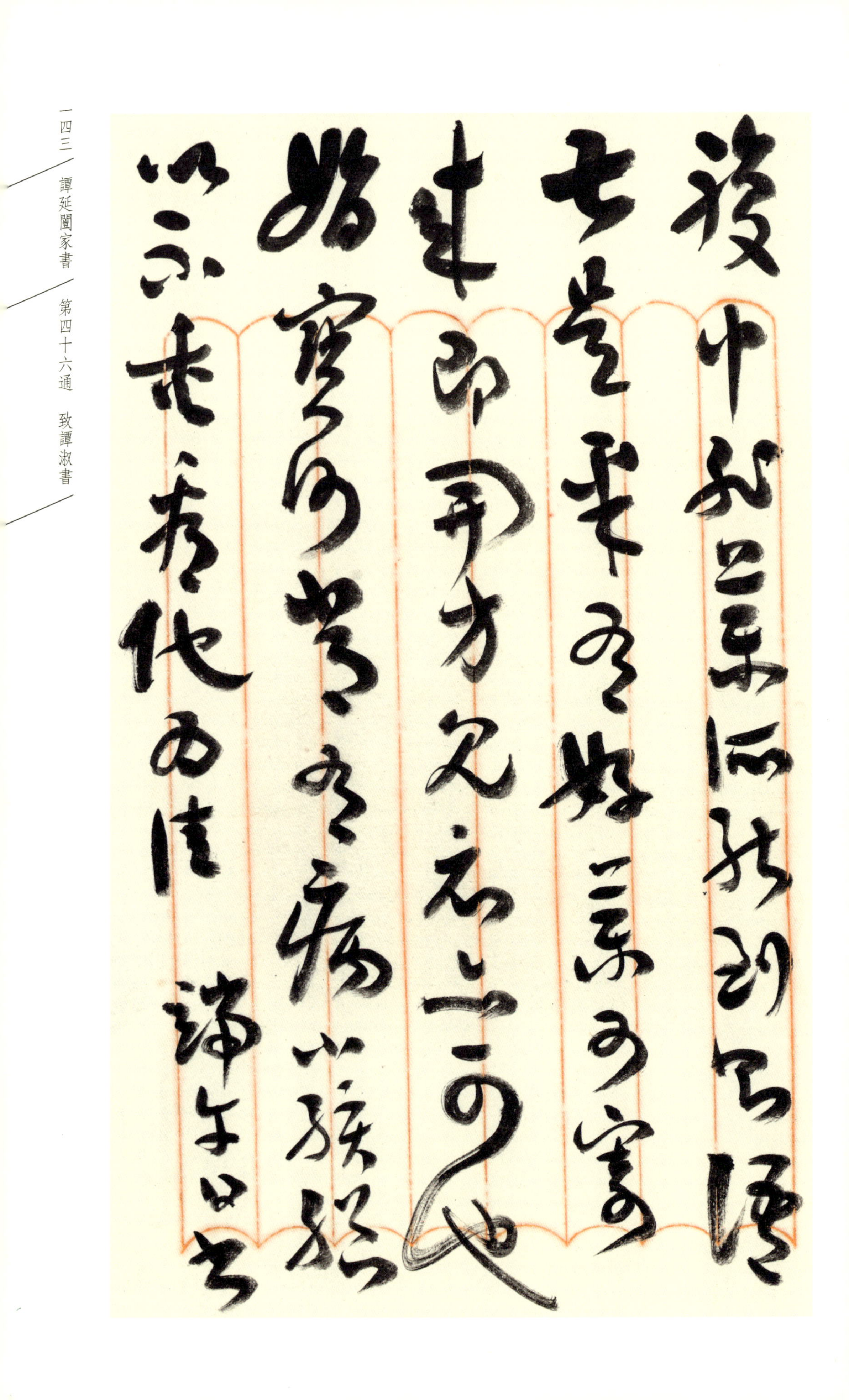

第四十六通　致譚淑書

汝書具悉。吾疾近欲以不藥治之，來書云云，皆西醫言。吾久戒酒及煙，葷腥亦不多食，亦遵西醫言，殊無效果。惟云疾不在腹中，非藥所能到，則語甚是。果有好藥，可寄來，即開方見示亦可也。娟寶何常有病？小孩總以不重看他爲佳。

端午日書

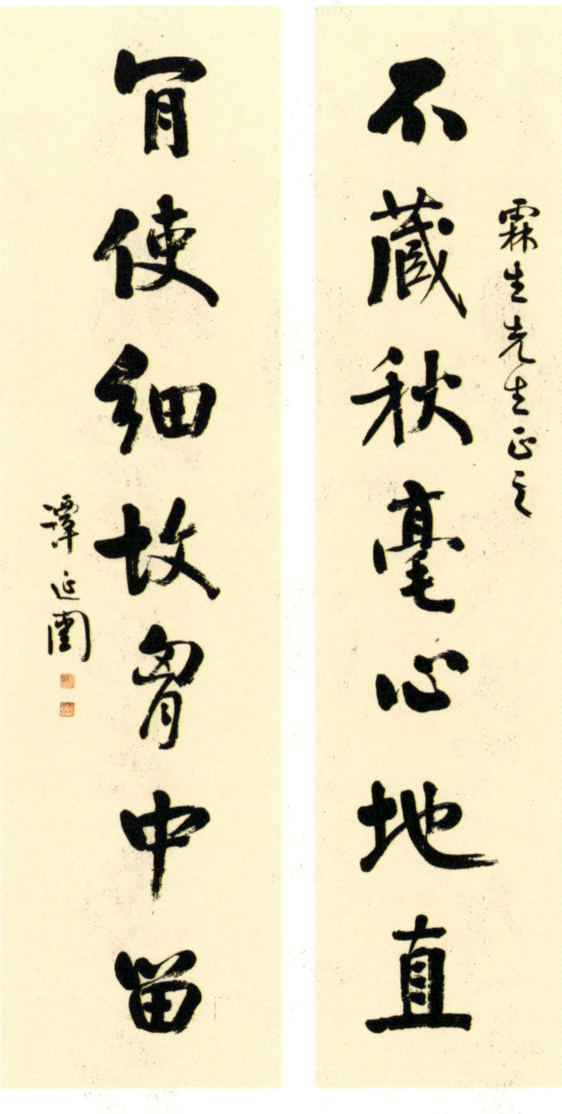

譚延闓行書七言聯

脚喉觉他得之且以集之殆出
视佛祥等已令巨不来汝文
示后来始寄向其多病此等
病要治用以治是太之不明
是外科疾也至今或者犹
杖之不去其国且先务何为去

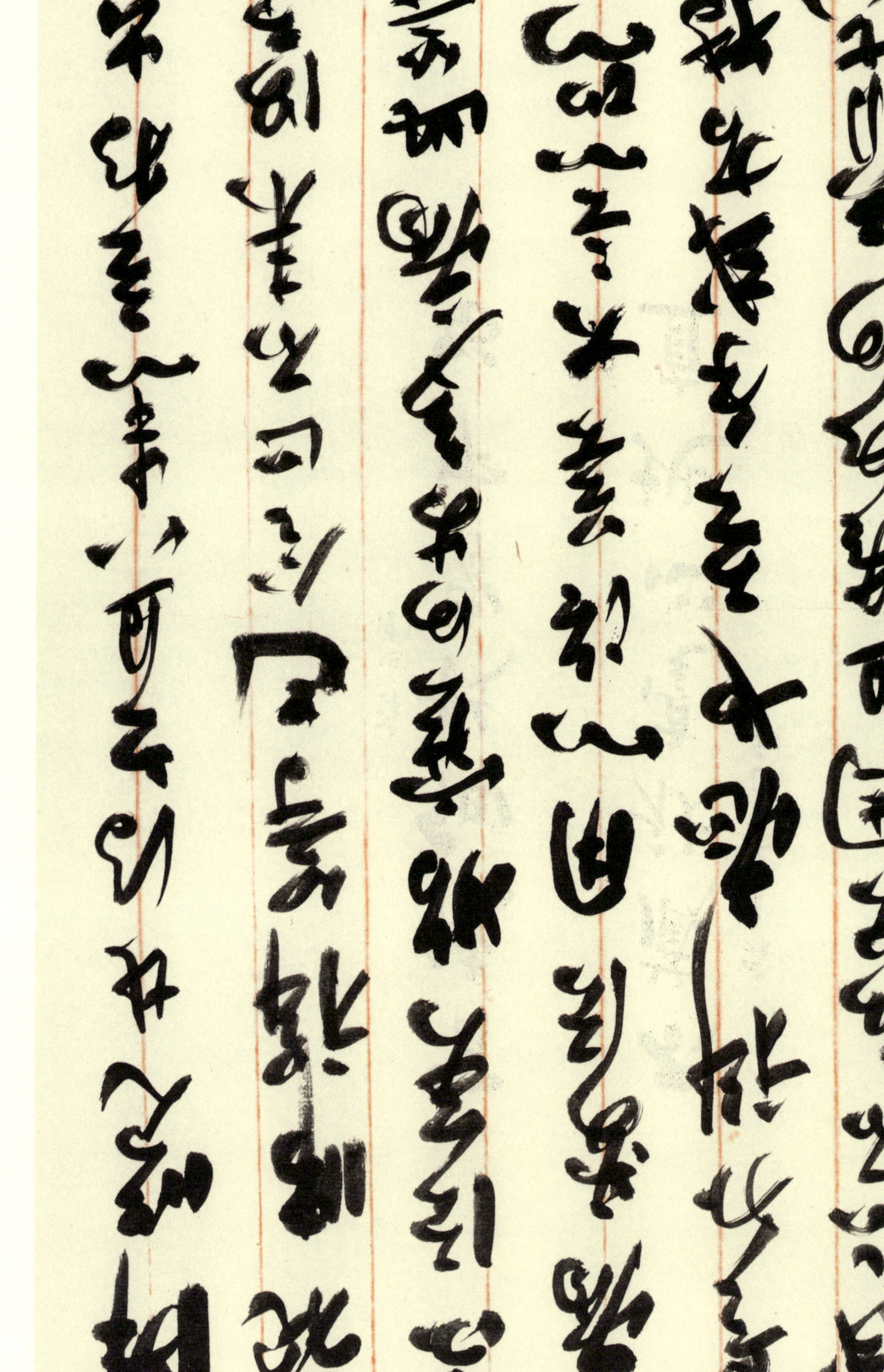

第四十七通 致譚淑書

淑覽者：

得書具悉。吾將出視師，祥等已令止不來，汝更不須矣。娟寶何爲多病？此等病要須用心治，莫大意，恐是外科症也。吾手或有轉機，亦不知其因，且看如何。

六月十六

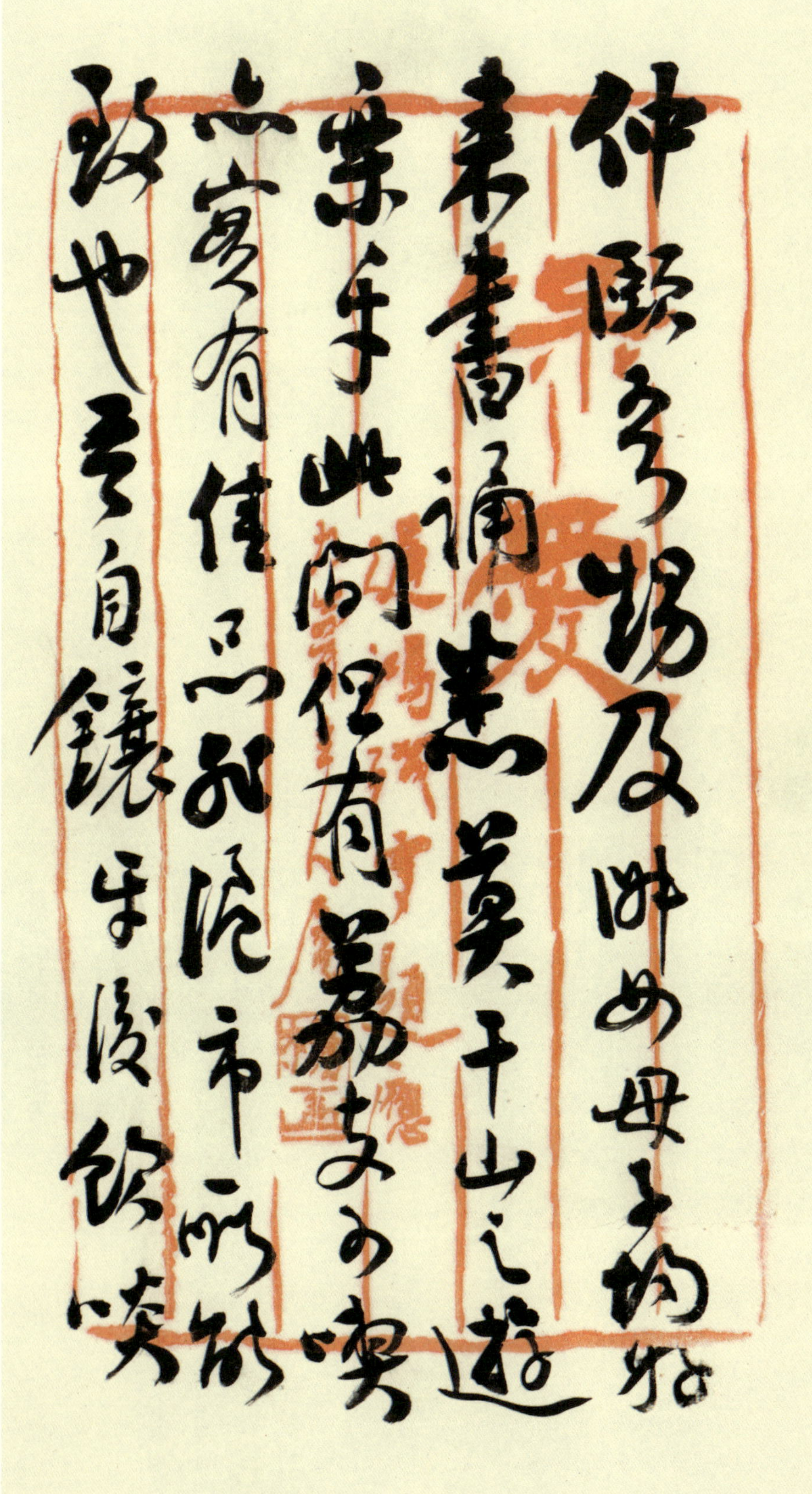

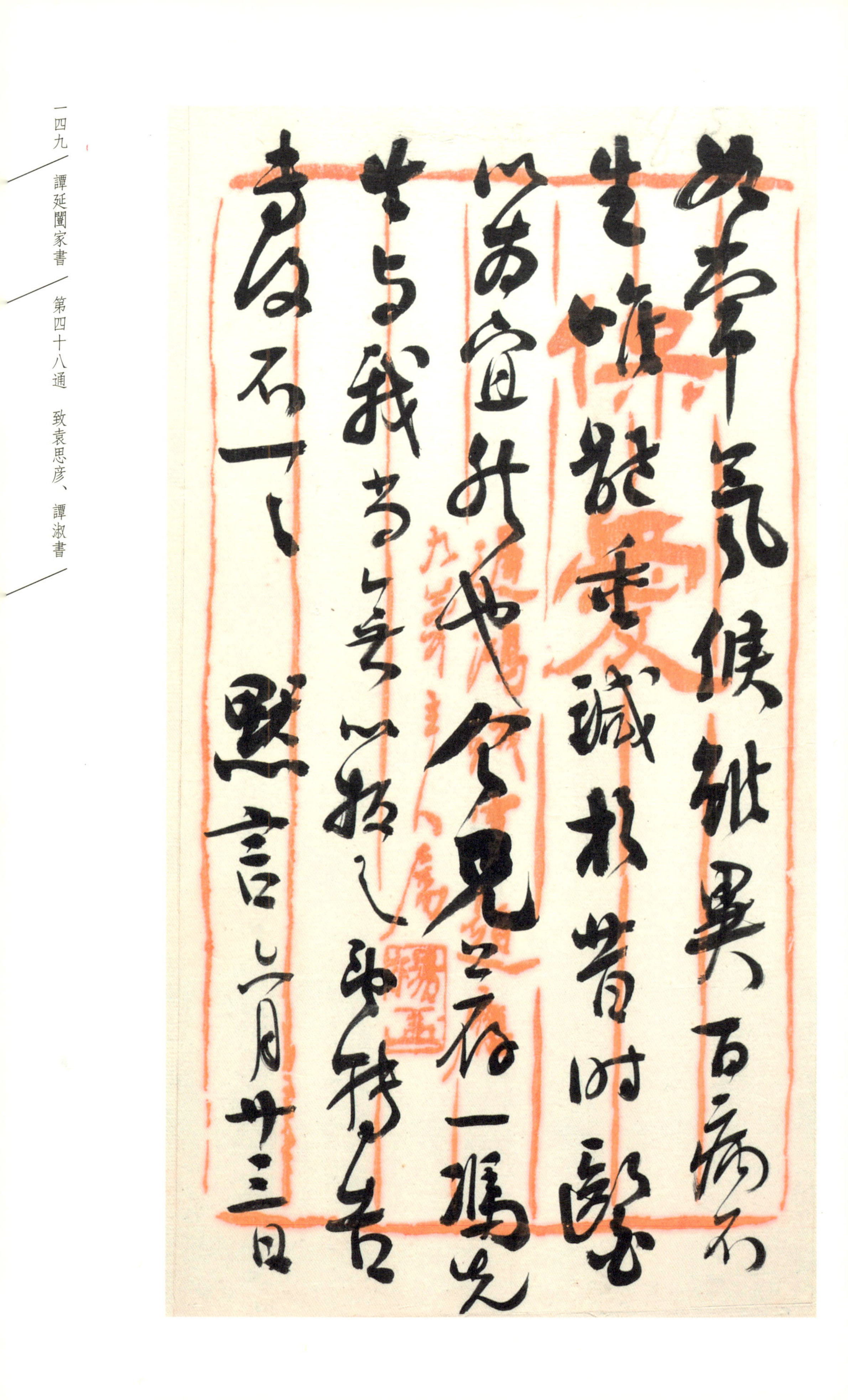

第四十八通　致袁思彥、譚淑書

仲頤吾甥及淑女母子均好：

來書誦悉。莫干山之游樂乎？此間但有荔支可喫，亦實有佳品，非滬市所能致也。吾自鑲牙後，飲啖如常。氣候雖異，百病不生，惟體重減於昔時，醫以爲宜然也。令兄薦一馮先生與我，尚無以報之，望轉告。專復，不一一。

默言　六月廿三日

「知默老人」　黎澤泰刻

尺寸　2.21厘米×2.21厘米×5.42厘米

邊款　黃易刻于濟寧　小松爲夢華作

　　　己未夏五　知默三丈命刊　侄泰記

材質　壽山石

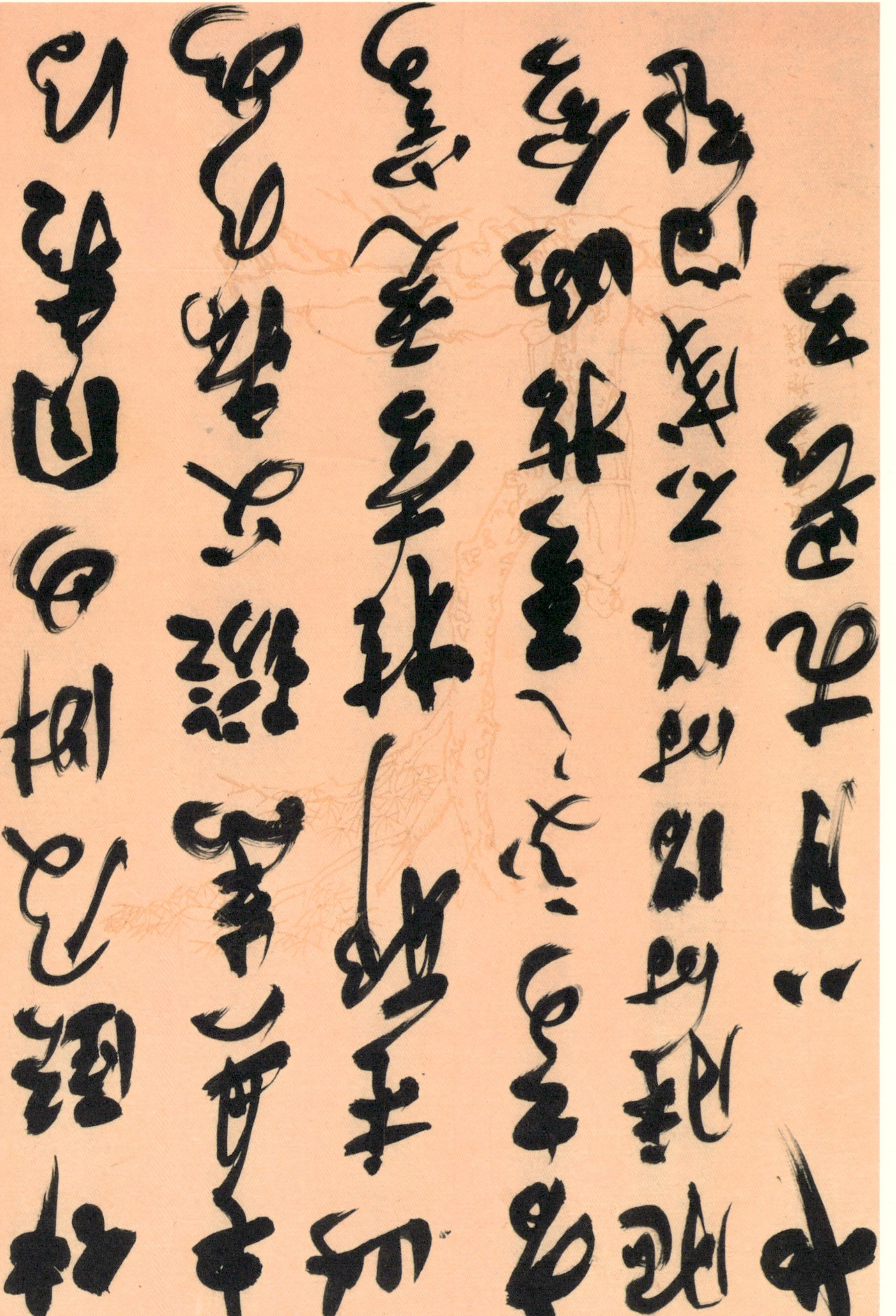

第四十九通 致袁思彥、譚淑書

仲頤及淑女同看：

得書具悉。璇父病乃如此重耶！桂當覓寄，有書可交之。吾指略愈，腿腫時消時作，不成問題也。

八月十九 畏書

仲殷贤甥及渊如同鉴：

吾甥日由韶関入湘，此後事殊未可知。有成則皆支持，否恐乃告一段落也。念後吾即問佳。

翼白

七月廿四

第五十通　致袁思彥、譚淑書

仲頤賢甥及淑女同好：

吾明日由韶關入湘，此後事殊未可知，有成則暫支持，否，亦可告一段落。知念故告。即問

侍佳

畏白　七月廿四

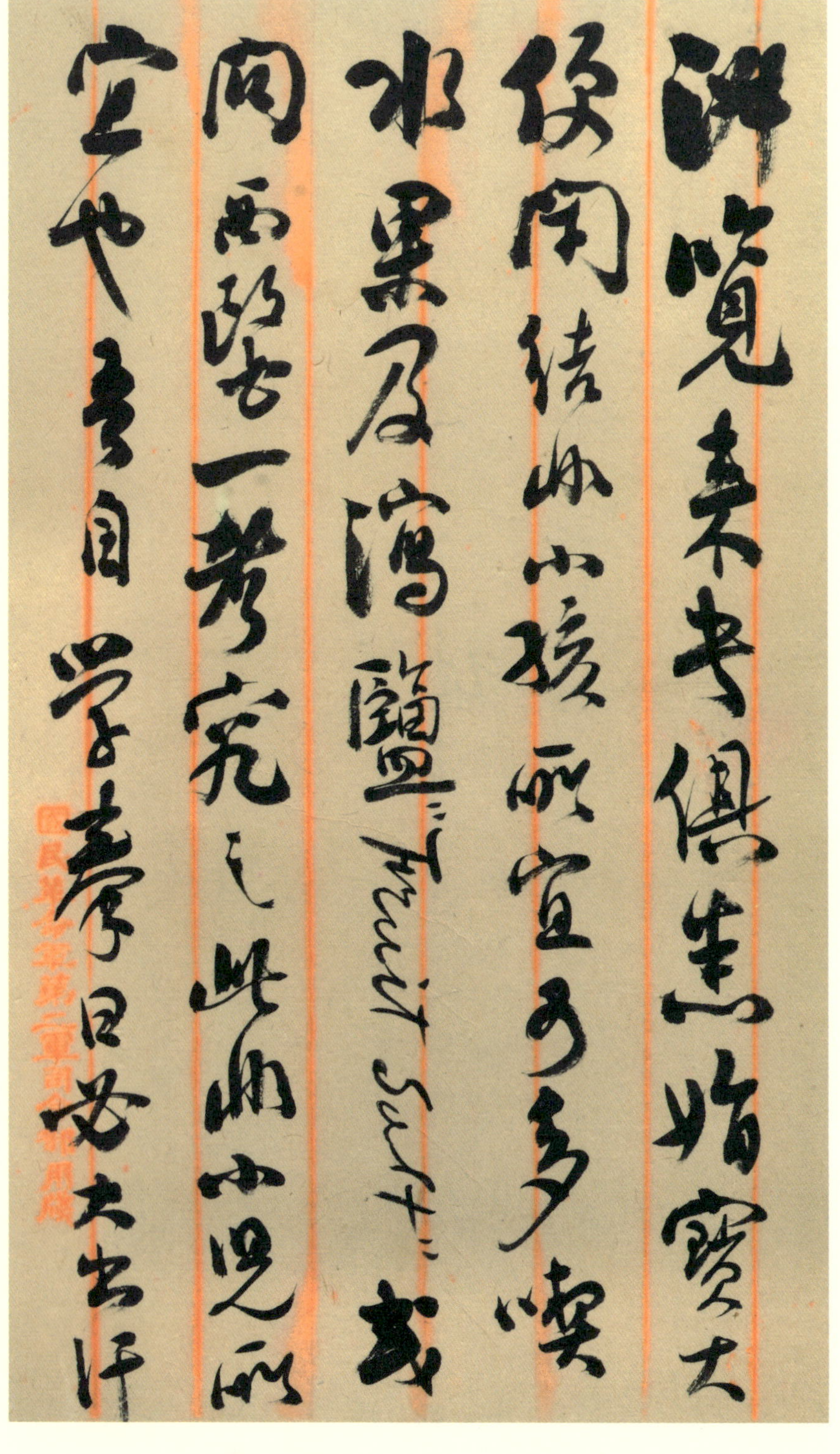

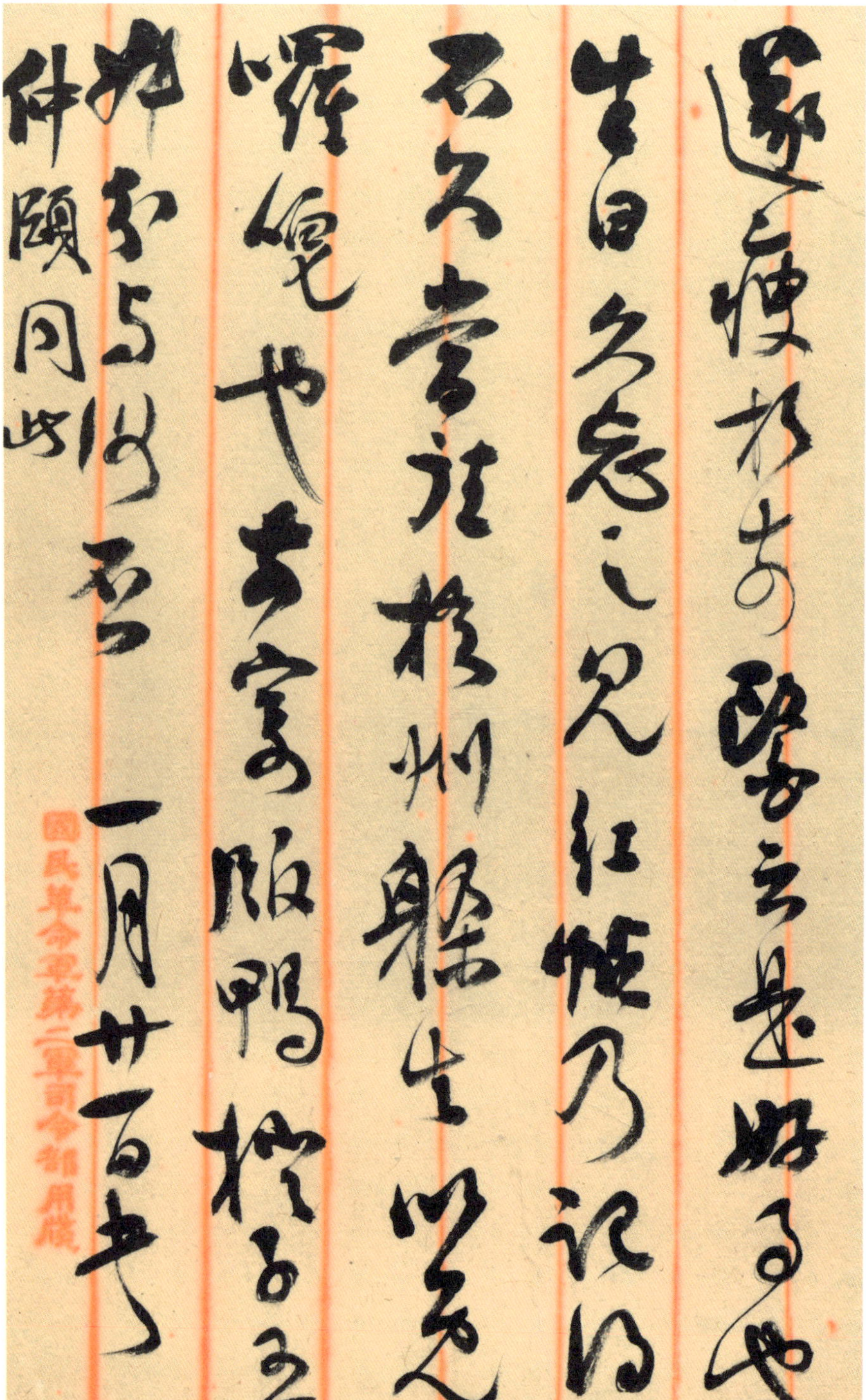

第五十一通　致譚淑書

淑覽：

來書俱悉。娟寶大便閉結，非小孩所宜，可多喫水果及瀉鹽「Fruit Salt」，或問西醫，一考究之，此非小兒所宜也。吾自學拳，日必大出汗，遂瘦於前，醫云是好事也。生日久忘之，見紅帖乃記得。不久當往梧州躲生，以免囉唣也。前寄版鴨、橙子，五叔分與汝否？

仲頤同此

一月廿一日書

「寸心千里」「護封」

尺寸　2厘米×2.06厘米×3.4厘米

材質　壽山石

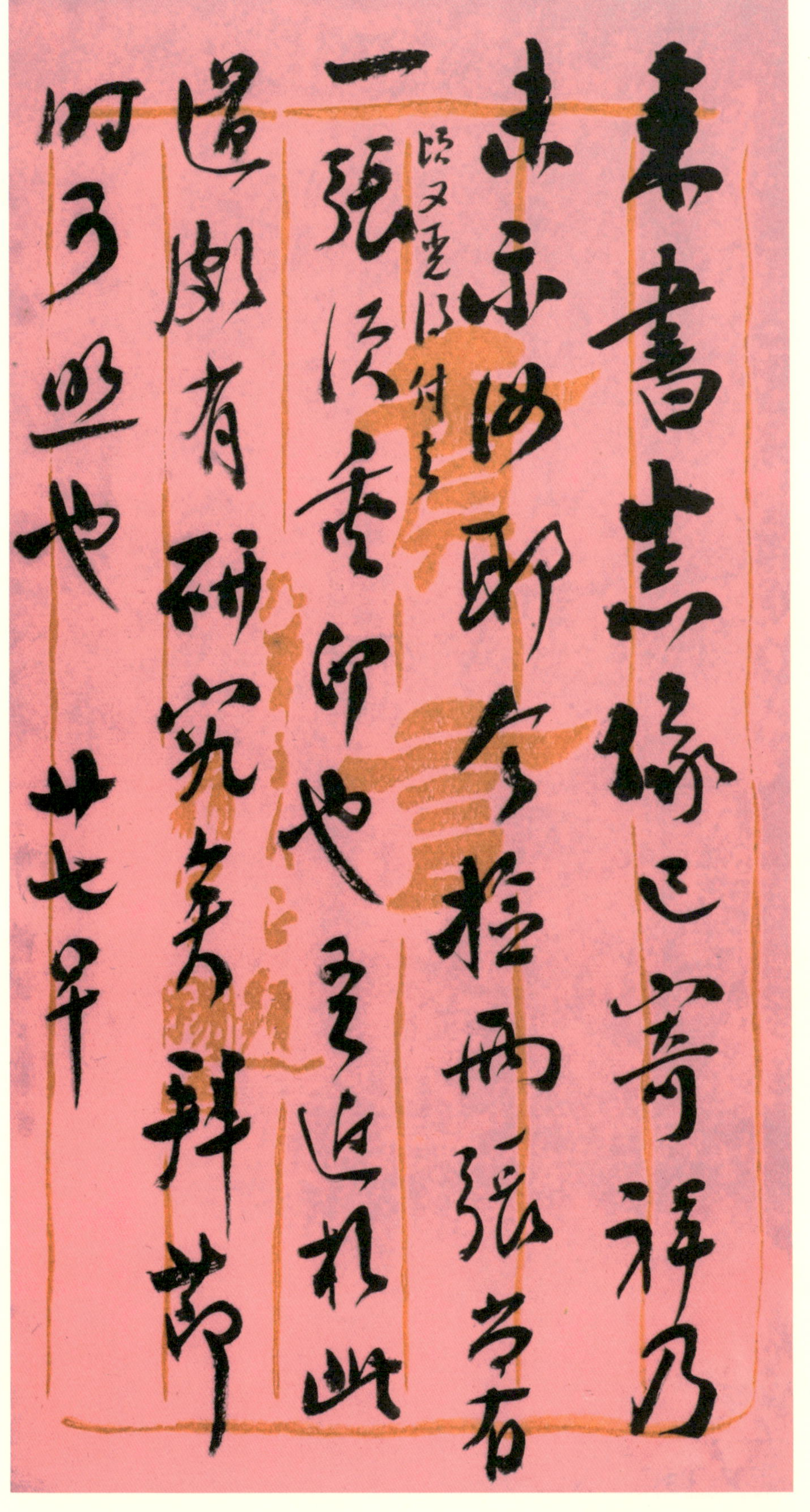

第五十二通　致譚淑書

來書悉。像已寄祥，乃未示汝耶？今撿兩張，尚有一張須重印也（頃又覓得付去）。吾近於此道頗有研究矣，拜節時可照也。

廿七早

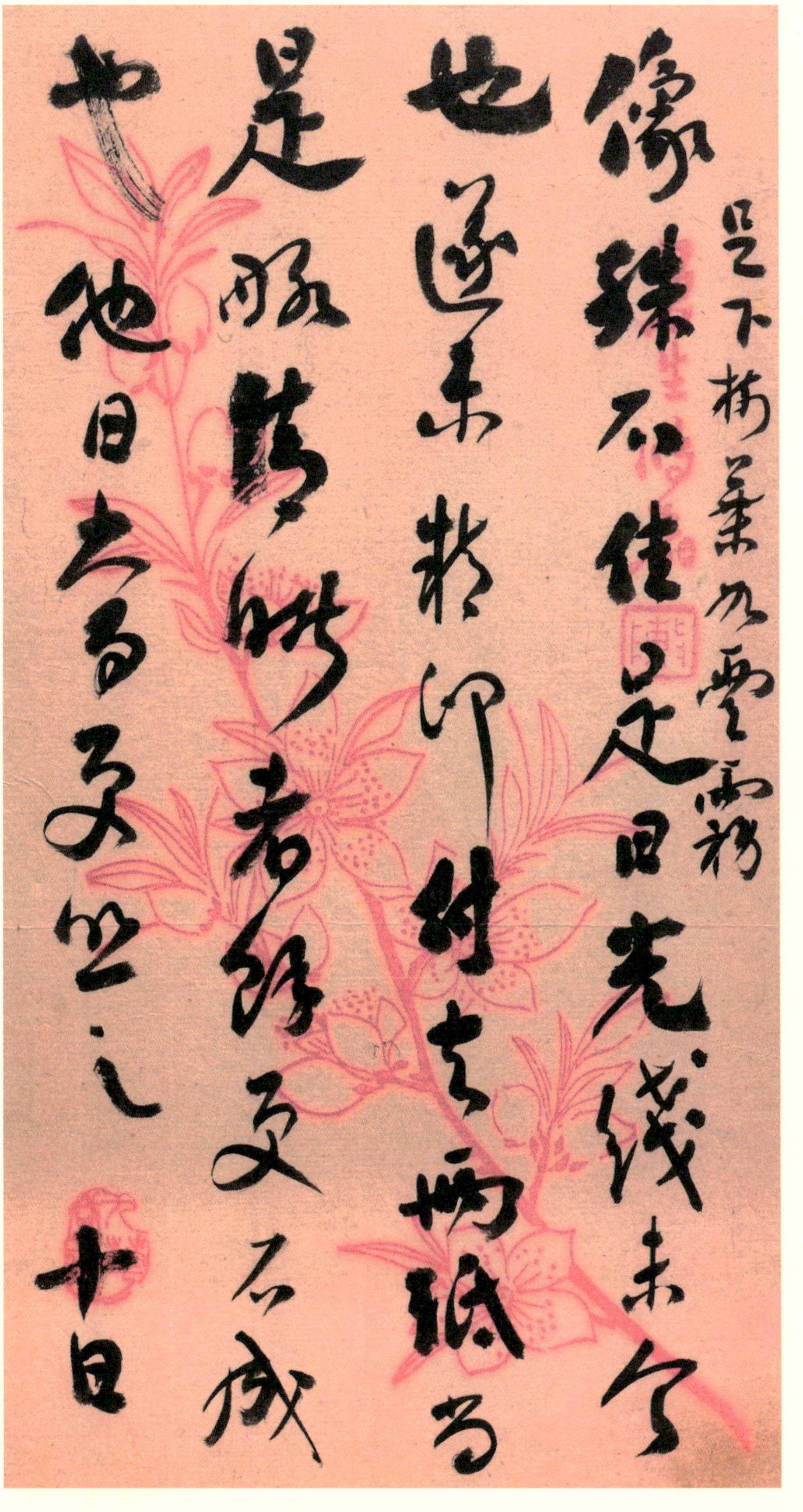

第五十三通　致譚淑書

像殊不佳（足下樹葉如雲霧），是日光綫未全也，遂未精印。付去兩紙，尚是略清晰者，餘更不成也。他日當更照之。

十日

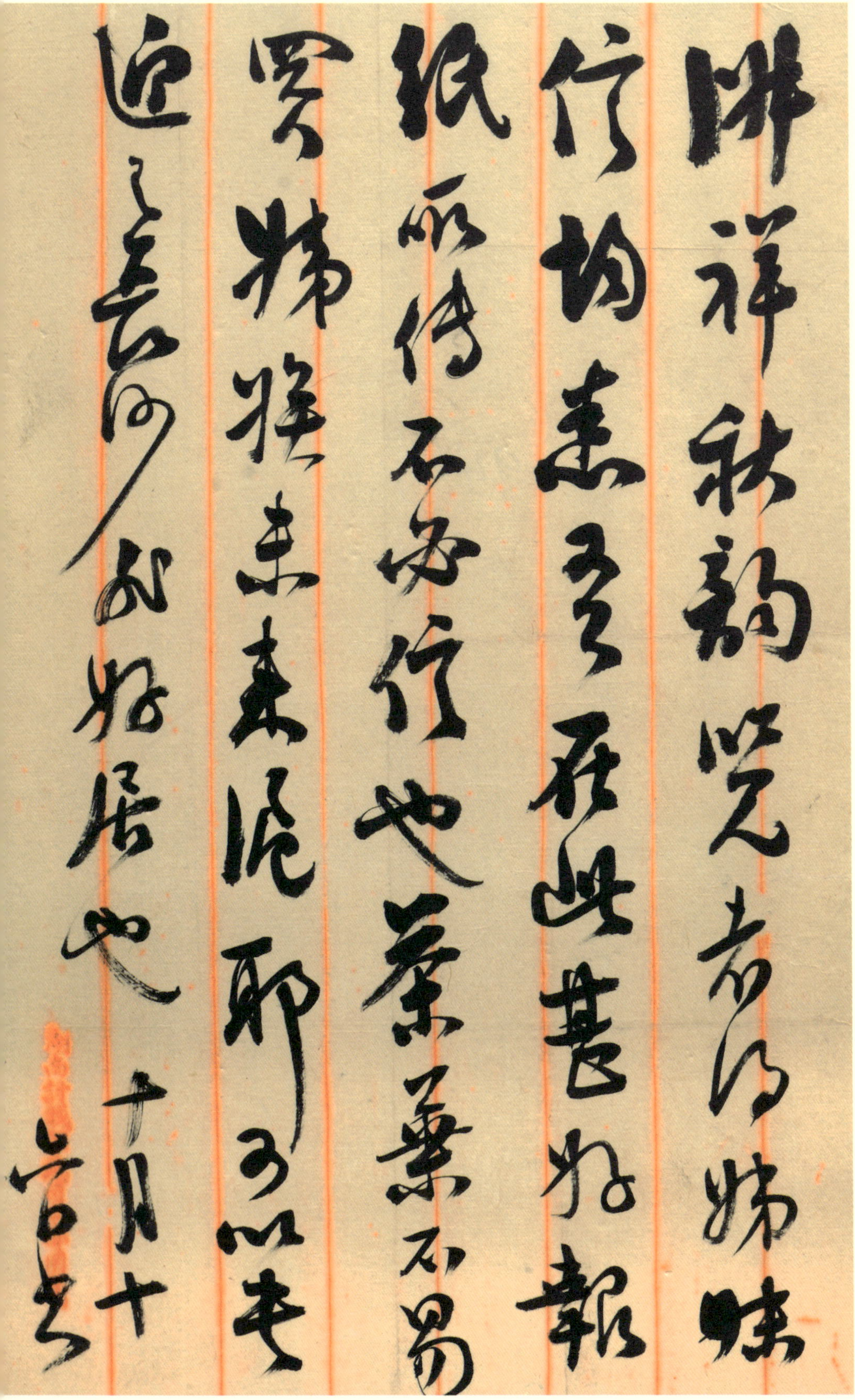

第五十四通 致譚淑、譚祥、譚秋、譚韻書

淑、祥、秋、韻覽者：

得姊妹信均悉。吾在此甚好，報紙所傳不必信也。茶葉不易買。姨娭未來滬耶？可以書迎之，長沙非好居也。

十月十六日書

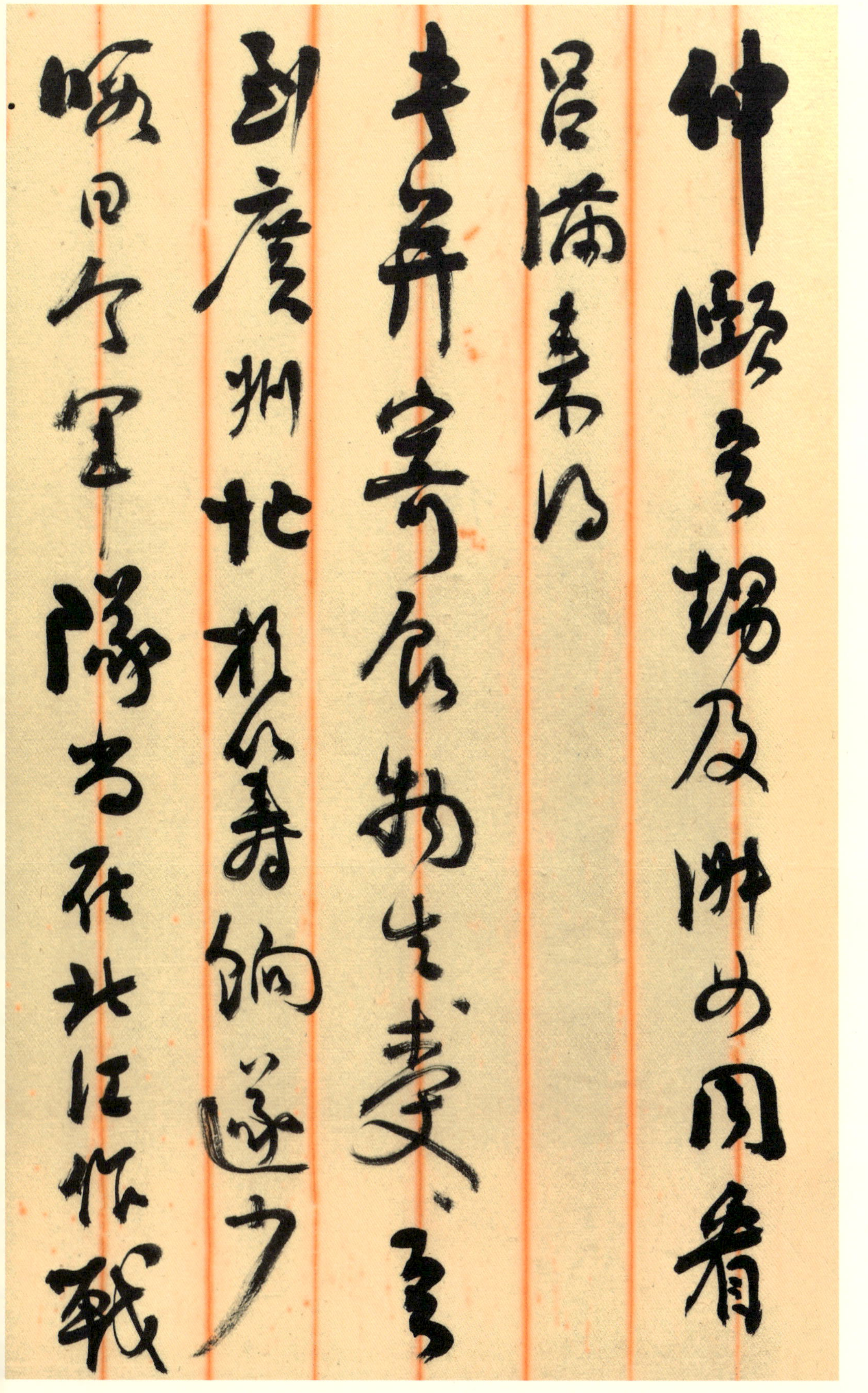

也勞苦至何時況吾自在

一冬烟火皆人所迫

消遣不少者吾所需要

對乳吾勞之甚且不未便

春之必向船行甚便

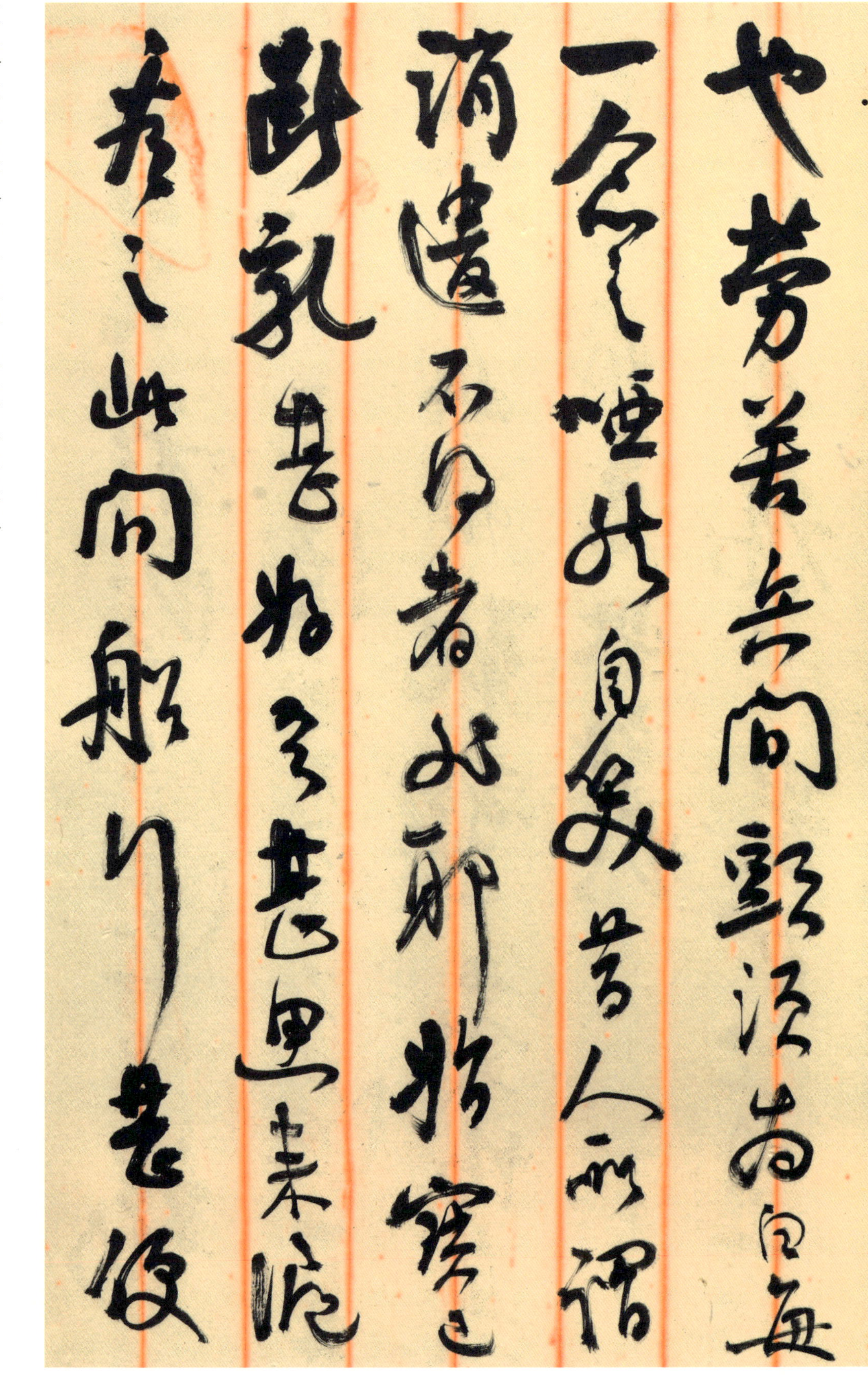

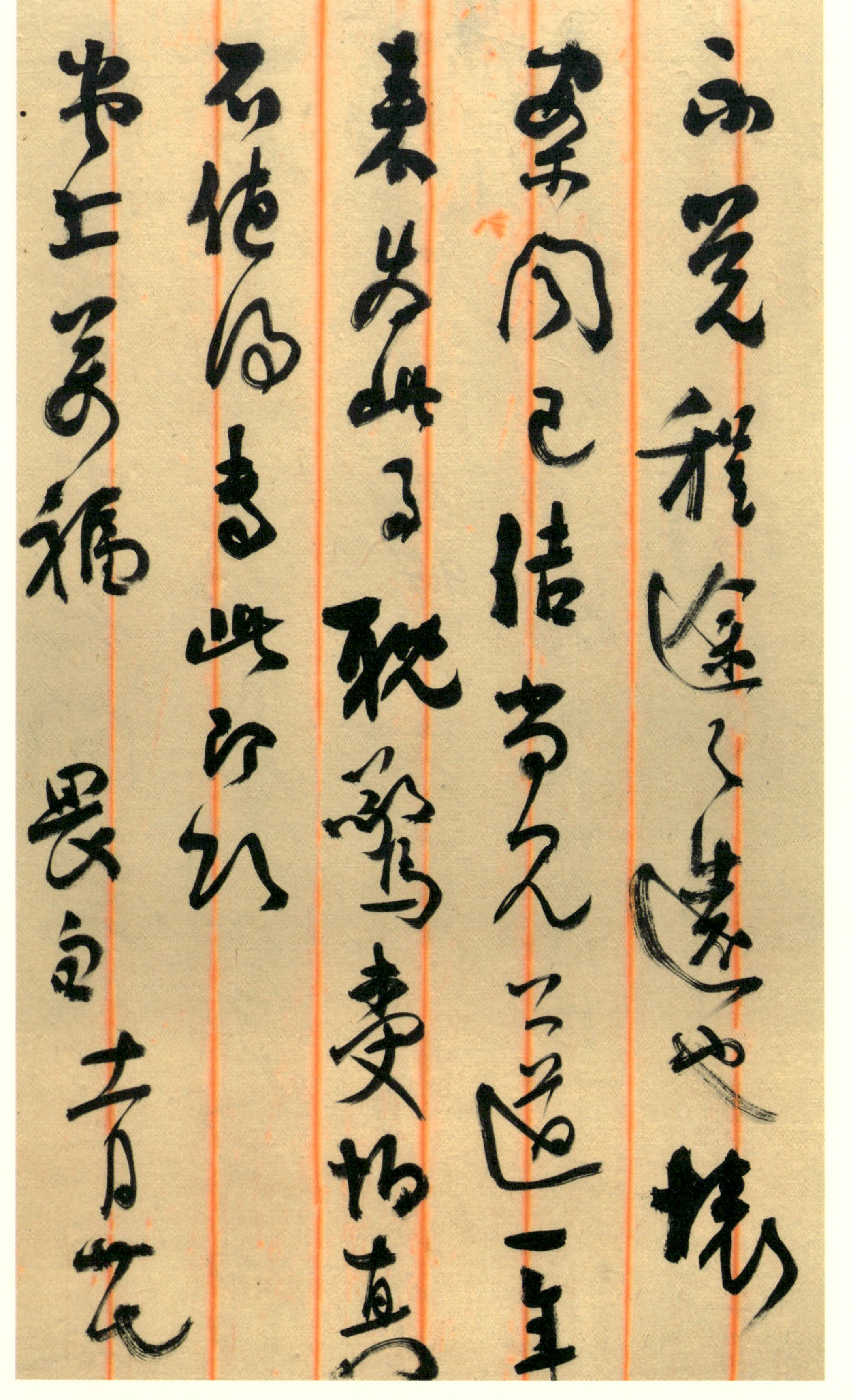

第五十五通 致袁思彦、譚淑書

仲頤吾甥及淑女同看：

吕滿來，得書並寄食物，生受生受。吾到廣州，忙於籌餉，遂少暇日。今軍隊尚在北江作戰也，勞苦兵間，頭須爲白，每一念之，啞然自笑。昔人所謂消遣不得者，非耶！娟寶已斷乳，甚好，吾甚思來滬看之，此間船行甚便，不覺程途之遠也。懷案聞已結，尚見公道，一年來爲此事耽驚受怕，真不值得。專此即頌

堂上萬福。

畏白　十一月廿七

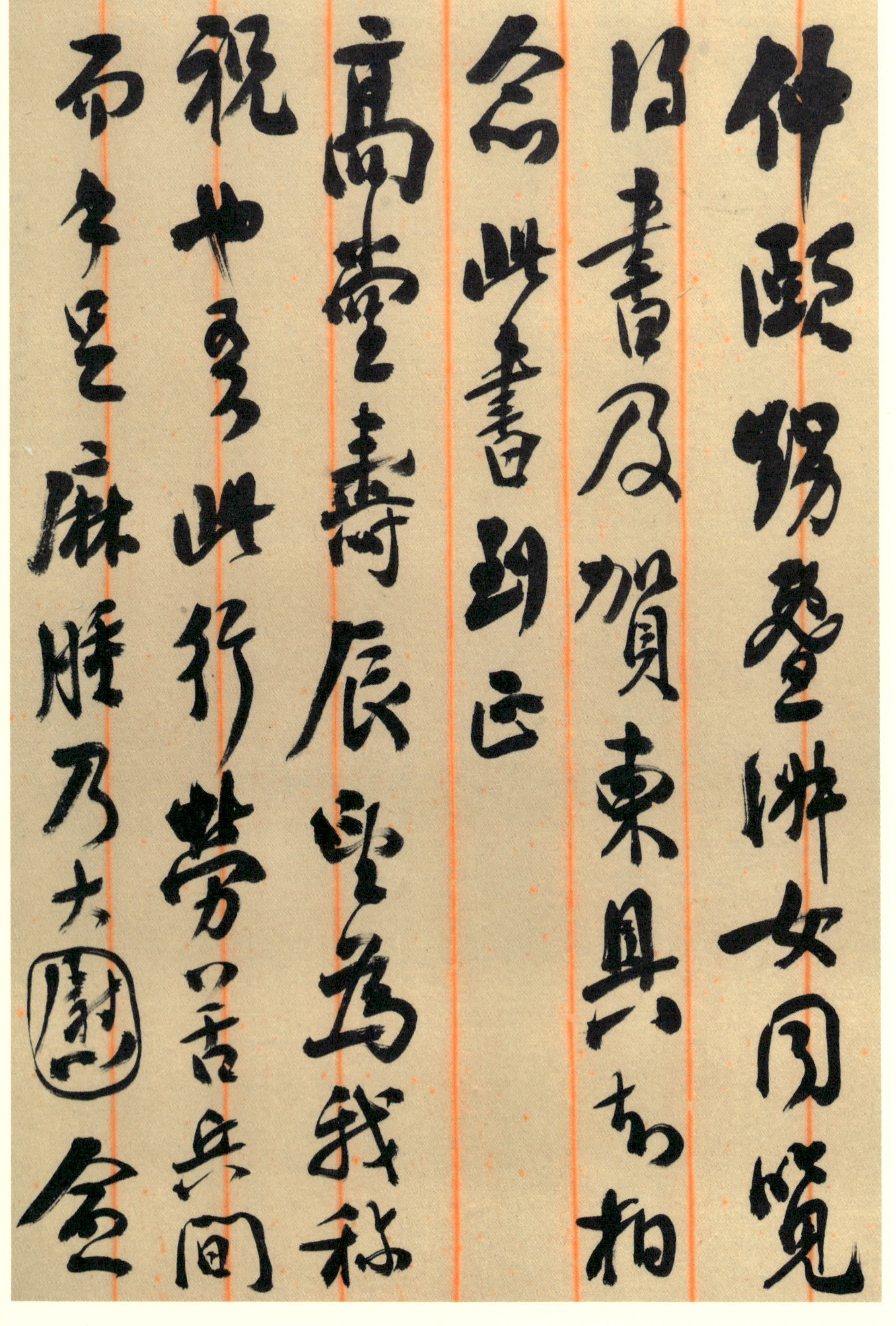

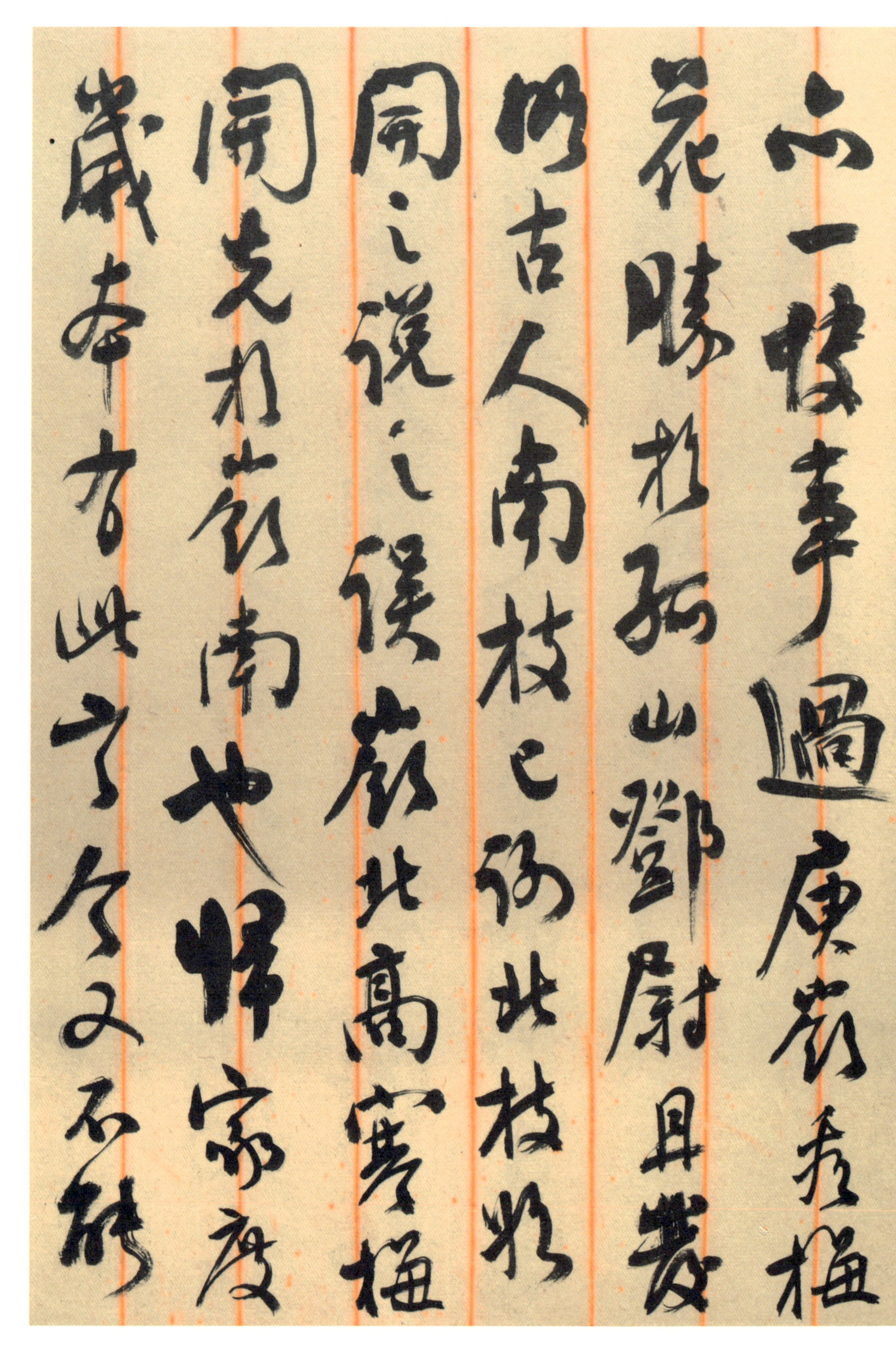

六一樓事過庚嶺看梅花勝於孤山鄧尉且發明古人南枝已落北枝始開之說之謬嶺北寒梅開先於嶺南也昨家慶歲杪方此又不能

且請東年拜祥祉
家兄年亦多寫字
尊亦令其鈔請謝佛
時手背之尊自記抄寫家
亦可乘也此耶
上侍多福　畏白
一月廿日

第五十六通 致袁思彥、譚淑書

仲頤甥暨淑女同覽：

得書及賀柬，具知相念。此書到，正高堂壽辰，望爲我稱祝也。吾此行勞苦兵間，而手足麻腫乃大愈，亦一快事。過庾嶺，看梅花，勝於孤山、鄧尉，且發明古人「南枝已謝，北枝始開」之説之誤。嶺北高寒，梅開先於嶺南也。歸家度歲，本有此言，今又不能，且待來年耳。祥在家無事，可令多寫字，吾前令其鈔詩，淑歸時可督之。吾日記均寄家，亦可看也。此頌

上侍多福。

畏白　一月廿一日

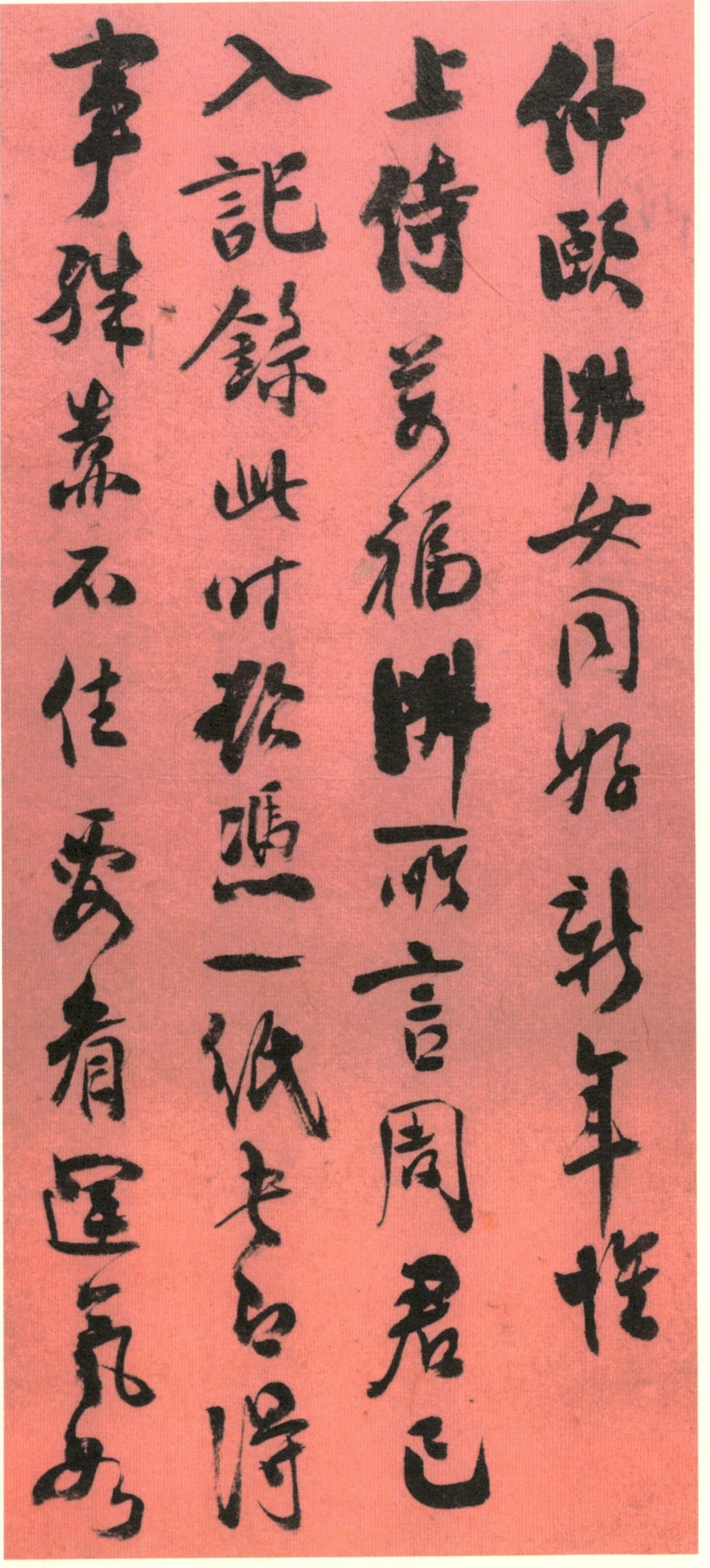

何必要以僕爲也去三十年
再至此間一切仍舊然老表
之子婿及此日內當作鄂行或
一歸長沙也　元日　非翁書

第五十七通　致袁思彥、譚淑書

仲頤、淑女同好：

新年惟上侍萬福。淑所言周君已入記録，此時欲憑一紙書即得事，殊靠不住，要看運氣如何，少安以俟可也。吾三十年再至此間，一切仍如舊狀，老表之可憐如此。日内當作鄂行，或一歸長沙也。

元日非翁書

儒術勳華炳日星，開庭從少墨式芳型。
遺箋收拾瓊瑰在，舊德追思涕淚零。敢
謂傳鐙親授記，劇憐換世自沈冥。憂天
抱古伊誰會，走筆題吟月滿庭。　淑題
先父　先叔遺翰應
次尹先生雅命　戊子芒種衷譚淑

譚淑題譚延闓、譚澤闓墨迹